YOEL CORDOVÍ NÚÑEZ

LIBERALISMO, CRISIS E INDEPENDENCIA EN CUBA 1880-1904

EDITORIAL LETRA VIVA
CORAL GABLES, LA FLORIDA

Liberalismo, Crisis

e Independencia en Cuba

1880-1904

YOEL CORDOVÍ NÚÑEZ

A MANERA DE INTRODUCCIÓN

Convulsas se presentaban las tres últimas décadas del siglo XIX a escala mundial; revoluciones, reformas, formación de nuevos estados nacionales, depresiones y conflictos internacionales de envergadura, irrumpían en realidades socio-históricas, entretejidas en el dinamismo de un capitalismo industrial en vertiginoso desarrollo. Centro y periferia discurrían aprisa en el decenio transicional, entre voraces mecanismos de control y nuevas formas de dependencia. Las distancias se acortaban ante la magia infraestructural, y los pujantes intereses industriales y financieros penetraban y se consolidaban en tradicionales reservorios de materias primas, convertidos en enclaves estratégicos para la exportación de capitales.

La impronta de los cambios, empero, no sólo incidía en la cosmovisión de estadistas e ideólogos de las grandes potencias con relación al papel a desempeñar por la periferia en la carrera imperial, sino que también los presupuestos de la modernidad, emanados de las llamadas civilizaciones occidentales, irrumpían en los viejos espacios coloniales y en las más recónditas áreas de influencia. Ante el impacto, las concepciones de progreso y libertad, consustanciales a la filosofía del liberalismo, parecían no encontrar cabida en los anquilosantes moldes de sociedades semifeudales y coloniales. Las nuevas prácticas y teorías "cientificistas" afianzaban la incertidumbre. De los selectos círculos académicos emergían las disertaciones sobre las razas, llevando como producto el aval de la experimentación y las credenciales idóneas para intervenir en el desentrañamiento de la naturaleza de los cambios sociales y sus consecuencias, de acuerdo con la tipicidad de los escenarios y de los rasgos de sus componentes.

Imposible analizar los movimientos de reformas y revoluciones en los escenarios coloniales y poscoloniales sin advertir las huellas de estos debates y sus implicaciones en el curso de los acontecimientos. En el caso de la sociedad colonial cubana múltiples fueron los problemas que debió enfrentar el movimiento independentista y diversas también las interrogantes planteadas desde su fase preparatoria. Si bien hasta 1868 el reformismo designaba una opción política predominante dentro del pensamiento liberal en Cuba, el inicio del ciclo de liberación planteaba la existencia de factores sociales de carácter masivo e histórico como base de una propuesta de cambios que implicaban la formación de un estado nacional. El alcance de la elección de la alternativa de independencia y su radicalismo, así como los referentes de revoluciones en América Latina y Europa, condicionaban nuevas expectativas y representaciones acerca del desarrollo socio-histórico en Cuba.

Pero el desfasaje del movimiento de liberación cubano respecto del resto de América Latina aún arrastraría con otra experiencia mucho más cercana y decisiva en la dinámica económica de la Isla. La irrupción de Estados Unidos en el concierto de naciones imperialista a finales del XIX y el consecuente fortalecimiento de los lazos de dependencia con su mercado, así como su impronta física en función de peligroso "aliado" a partir de 1898, sedimentaban las bases de otros de los grandes dilemas en que se debatiría la independencia en la coyuntura de entre siglos.

La convergencia de ambos procesos potencialmente antagónicos en un mismo escenario histórico ubicaría las posibilidades de independencia en los linderos del amplio campo de cuestionamientos, argumentos y posiciones de la intelectualidad. Cualquiera que fuera la perspectiva del enfoque, sus fundamentos políticos, económicos, sociales, filosóficos y culturales, harían valer su racionalidad desde los supuestos de la modernidad. Quedaba por determinar el espectro de interpretaciones de semejante orden racional en el plano de las relaciones periferia-centro y en el ámbito interno asociado a las relaciones de poder, entendidas como las posibilidades de acceso o representatividad popular en las funciones de Estado.

Podríamos preguntarnos entonces: ¿sobre qué bases conceptuales se debatían las distintas propuestas de los sectores y capas de la burguesía insular en el período que va de1880 a 1904?; ¿cuáles eran las actitudes o supuestos comunes y las divergencias de la intelectualidad ante los problemas de su época? y ¿cómo se manifestaba la dinámica de sus relaciones ante la alternativa de independencia?

Motivado por estas inquietudes, y partiendo de algunas de las reflexiones expuestas, los enfoques de los problemas a tratar en el presente ensayo, parten de asumir los presupuestos siguientes:

• La confluencia del ciclo de liberación cubano en la segunda mitad del siglo XIX con la irrupción de la fase imperialista del capitalismo a escala mundial, particularmente en Estados Unidos, condicionó los debates sobre el sistema político a instaurar. Los asuntos a ventilar en ese entramado, en sus esencias resultantes de agendas por cumplimentar en los años coloniales; la impronta de Estados Unidos en la dinámica interna insular, y el contenido social y ético que implicaba la continuidad de un proceso marcado por la existencia de los sectores más populares en la base social de las transformaciones, pasaban por el prisma interpretativo de las distintas tendencias de pensamiento.

• La comprensión de los debates y de la práctica de la intelectualidad poscolonial cubana, no puede entenderse únicamente a partir de las opciones políticas. Más allá de enmarcar las procedencias —independentistas, reformistas y anexionistas— hay que tener presente la existencia de problemas y preocupaciones compartidos en las agendas de debate del liberalismo finisecular. Las escisiones de la intelectualidad en los modos de plantearse la superación de la contradicción fundamental colonia-metrópoli, no significaban en todos los casos ruptura en el enfrentamiento a otras problemáticas. De ahí que los calificativos de "traición", que buscan explicar los comportamientos de determinadas figuras procedentes del independentismo aliadas en el nuevo contexto de posguerra a individuos contrarios a la revolución, deberían estar acompañados de un análisis más a fondo de las tendencias del pensamiento liberal cubano, y para ello de los elementos contextuales, imposibles de obviar para entender la coyuntura transicional en la que se enmarca el ciclo de revoluciones democrático-burgués cubano.

El ensayo se encuentra estructurado en dos partes. La primera: "Pensamiento liberal en Cuba y sus tendencias", abunda en aquellos problemas conceptuales que integraban y definían las distintas concepciones y proyectos de la elite intelectual liberal y los que sustentaban los representantes de la tendencia democrático-radical. El estudio de la Generación del 80, más que un pretexto para la comprensión de una época y sus condicionantes en la formación de una promoción de intelectuales, es la introducción, desde una perspectiva lo más integral posible, al universo de ideas y de valores que definían el pensamiento y la práctica liberales decimonónica. Es, asimismo, un intento de aprehender la diversidad de representaciones sobre las problemáticas de un proceso, cuyos contenidos esenciales y actores sociales mantienen su impronta en la realidad transicional, adaptando las posibilidades de respuestas a las exigencias de cada contexto.

En esta parte se analizan las principales áreas de confluencia del pensamiento liberal, partiendo de dos problemas esenciales: las relaciones comerciales y el factor social, dedicándole por su importancia un acápite a la cuestión racial. No significa que pretendamos explotar cada una de las problemáticas que puedan integrar fenómenos y procesos con su propia dinámica y que, además, han sido y son estudiados por otros especialistas. Pero debe entenderse que en estas dos parcelas del conocimiento está la clave para acercarse a una comprensión más exacta de las complejidades que asumen las posiciones de la intelectualidad insular.

A pesar de que como tendencia la intelectualidad cubana se oponía al anexionismo y a la penetración imperialista, las relaciones de dependencia en que se encontraban los sectores de la burguesía azucarera con respecto al mercado norteamericano, y la concepción mayoritaria de las posibilidades de reconstrucción y desarrollo a partir del azúcar matizaban los comportamientos frente a la cuestión nacional. A ello se sumaba la problemática social, en tanto la lucha por la creación del estado nacional había contado en su base con campesinos, obreros, artesanos y sectores, grupos y capas medias de la burguesía rural y urbana en general.

Ambos problemas debían ser enfrentados en los marcos del intervencionismo norteamericano. Los debates y las soluciones a los mismos son tratados en la segunda parte, "Liberalismo e independencia. Espacios del conservadurismo". El estudio de las prioridades en el tratamiento de las agendas de debate, y el drama que implicaba la interacción de distintas tendencias con puntos de divergencias acentuados, pero también con elementos de confluencia a la hora de plantearse la realidad poscolonial y sus posibles cambios, forman parte del intríngulis del pensamiento liberal, sujeto a un proceso de fortalecimiento de su línea conservadora.

El historiador Jorge Ibarra Cuesta en su obra *Cuba: 1898-1921. Partidos políticos y clases sociales*, al plantear la relación entre lo que él llama las dirigencias políticas nacionales –integrada en parte por los sectores de la intelectualidad- y las clases medias rurales y urbanas a quienes representaban, afirma que se encontraba mediada por el "descoyuntamiento y disgregación de las clases medias como resultado de la guerra del 95 y la penetración imperialista". Ciertamente, este es un elemento a tener en cuenta, pues se trataba de grupos heterogéneos en los que, además de los grupos profesionales, se encontraban pequeños comerciantes y productores ávidos de mantener por cualquier vía posible su existencia como clase, aun cuando ello implicara convertirse en una "clase política", ajena, en la práctica, a los intereses de los campesinos y otros sectores populares. Pero considero, asimismo, que al margen de estas deformaciones a las que se refiere Ibarra existían concepciones definidas desde antes de la guerra y la intervención de Estados Unidos, que respondían a la lógica del pensamiento liberal y de las experiencias de las revoluciones democráticas-burguesas en el mundo.

Reitero que sería imposible agotar en este ensayo las posibilidades de análisis ante fenómenos extremadamente complejos e interrelacionados en su dinamismo. Más que establecer criterios conclusivos pretendo traer a colación algunas problemáticas que permitan entender mejor los modos de pensar los destinos de Cuba por la intelectualidad y de su actuación en correspondencia con el espectro de orientaciones y enfoques ideopolíticos sostenidos. Más allá del volumen de la información revelada, quisiera sobre todo que la lectura del libro incite a la reflexión y al debate. De lograrlo, gran parte de los objetivos se habrán cumplido.

YOEL CORDOVÍ NÚÑEZ

ÍNDICE

Primera Parte

YOEL CORDOVÍ NÚÑEZ

PENSAMIENTO LIBERAL EN CUBA Y SUS TENDENCIAS

LA GENERACIÓN DEL 80. FACTORES FORMATIVOS

La década siguiente al Zanjón fue testigo de la emergencia de una nueva generación de intelectuales cubanos nacidos entre los años de 1840 y mediados de 1850, período caracterizado por un constante flujo y reflujo de ideas en los más disímiles campos de las ciencias, las artes y la política. La pléyade de figuras que plasmaron su magisterio a través de la *Revista Bimestre Cubana*, la *Revista de la Habana* y *El Siglo*, encontró su línea de continuidad en esta nueva generación, agrupada en torno a tribunas publicistas de importancia como la *Revista de Cuba*; su sucesora, la *Revista Cubana* y *Hojas Literarias*.

El punto de partida con *Revista Bimestre Cubana* (1831) no niega en modo alguno el influjo de la producción periodística anterior ni a los hombres que la inspiraban, más bien confirma la plena madurez de una generación nacida con el siglo XIX. Heredera de una descomunal obra de renovación en el plano de las ideas, y protagonistas de la desgarradora realidad de un mundo físico y moral corrompido y en crisis, sus propuestas y orientaciones políticas, económicas, sociales y culturales, invadieron, décadas tras décadas, las formaciones de las nuevas generaciones intelectuales.

Hablo de generación y me asalta la imagen que hiciera Raimundo Lazo sobre el concepto, previa definición teórica. Las generaciones, según el intelectual, no eran como las hojas de un árbol caídas en cada otoño, ni la mera sucesión de hombres por la historia, sino más bien la "imbricación de los elementos concurrentes" en un árbol en que siempre existen hojas, algunas nacientes; otras, maduras, y las que marchitan. En ese converger se producen fenómenos de correlación y alianza entre elementos de generaciones diferentes, "que se encuentran y combinan en el diálogo de cada promoción histórica con sus respectivas circunstancias".[1] O como lo sintetizara José J. Arrom: "son como una larga cadena en que cada eslabón tiene la ineludible función de enlazar el pasado inmemorial al futuro inmediato".[2]

Ahora bien, la incidencia de este primer grupo en la nueva generación no fue en todos los casos directa. El tiempo conspiraba en el entrelazamiento, particularmente con los nacidos en los años de 1850. No obstante, el magisterio escolar y de ideas de José de la Luz y Caballero, la visión penetrante de José A. Saco y su fustigante prosa, la poesía de José María Heredia, la labor científica de Felipe Poey y de otros intelectuales de avanzada, conmovieron en el plano espiritual a la Generación del 80.

Difícil sería escudriñar en el fondo de los enfrentamientos de ideas en el período de

---

[1] Raimundo Lazo: "La teoría de las generaciones y su aplicación al estudio histórico de la literatura cubana". (Ensayo leído en el acto de su recepción como miembro correspondiente a la Academia Nacional de Artes y Letras, el 17 de febrero de 1954), La Habana, 1954, p.21.
[2] José Juan Arrom: *En el fiel de América. Estudios de literatura hispanoamericana*, La Habana. 1985, p.35.

entreguerras, sin encontrar impregnado en la superficie del debate la polémica sostenida en 1885 por Manuel Sanguily (1848-1925) y José Ignacio Rodríguez, en torno al libro publicado por este último referido a la vida de José de la Luz y Caballero.[3] Apenas se avanza en el tiempo y se tropieza, una vez más, con Sanguily, enfrascado en la elaboración de su obra *José de la Luz y Caballero. Estudio crítico* (1890), y en su posterior contienda con José Silverio Jorrín. Imposible asimismo estudiar el pensamiento de Rafael Montoro y de Varona, sin advertir, en ambos, las influencias de la generación de Saco. Al decir del primero, se trataba de "sus mayores", y el respeto hacia ellos era evidente:

El lugareño representa a su vez el despertar de todas las energías morales y materiales del pueblo cubano, cuando adquiere la conciencia de sí y la de sus destinos. Es hermano en espíritu y verdad de José A. Saco, de don José de la Luz y Caballero, de Pozos Dulces, de Echeverría, de Domingo del Monte, de aquellos patricios inmortales, merced a cuyo esfuerzo no es Cuba una colonia de plantaciones, sino una sociedad nueva...[4]

Muchas veces el magisterio llegaba en línea directa a través de los discípulos, convertidos ya en maestros de la nueva generación. Los colegios privados y la secularizada Universidad de la Habana

---

[3] Manuel Sanguily: "Carta abierta a José I. Rodríguez", La Habana, 12 de noviembre de 1885, en *Manuel Sanguily. Obras*, t. II, La Habana, 1926.

[4] Rafael Montoro: Discurso pronunciado en Puerto Príncipe, 3 de diciembre de 1886, en: *Rafael Montoro. Obras*, t.I, La Habana, 1930, p.172.

agruparon a intelectuales de primera línea, formados en las aulas o tertulias donde impartían leccio-
nes hombres de las dimensiones de Luz y Caballero
y Domingo Delmonte. Ellos, a su vez, desde sus
planteles, iban a erosionar en sus cimientos el "es-
pañolizante" Plan General de Instrucción Pública
para las islas de Cuba y Puerto Rico, y contribuirían
a dinamizar la inquietud, aún en los marcos reducidos y anquilosantes del Real recinto universitario.

Algunos de los colegios privados, contemplados
afortunadamente en el Plan, llevaban en su seno el
dinamismo y la fuerza que durante las tres primeras
décadas mantuviera el Seminario de San Carlos y
San Ambrosio, reducido ahora a la formación de
sacerdotes junto con el de San Basilio el Magno, en
Santiago de Cuba. Tampoco la Universidad cubría las
exigencias de la concepción rigurosa de la filosofía,
cuya facultad comprendía la enseñanza secundaria
superior, y en donde el saber se atomizaba en un
conocimiento general y enciclopédico, imposibilitando
la preparación sólida del estudiante en ese terreno.[5]

Extendidas por la Isla, estas escuelas privadas
mantenían la tradición pedagógica, intelectual y
patriótica en medio del cada vez más férreo
centralismo español, y llegaban a alcanzar justa fama
por la formación integral de la juventud y por la
calidad de sus profesores. Colegios como La Empresa,
en Matanzas; El Progreso, de Castro y Aguiar; el San
Pablo, de Mendive; el colegio de José María Izaguirre,
en Manzanillo, y, especialmente, el Salvador,

---

[5] Sobre esta temática véase de Ramón de Armas y otros:
Historia de la Universidad de la Habana 1728-1929, t.I, La
Habana, 1984, pp.135-136.

fomentado por Luz y Caballero, enfrentaban un plan de estudios que lo hacía depender de la Universidad, así como de las decadentes y deprimentes directrices del Concordato de 1851, cuyo artículo segundo advertía "que la enseñanza en las universidades, colegios y escuelas públicas y privadas de todas clases" tendrían que ajustarse a los principios de la religión católica.

A pesar de estas limitaciones, acentuadas en el Salvador tras la muerte de su fundador en 1862, los estudiantes del colegio no dejaron de reconocer la importancia del mismo en su formación. Las palabras de Sanguily al respecto son esclarecedoras: "De aquel colegio no podría yo hablar sin apasionamiento: alma máter de mi espíritu, fue también mi casa y mi familia..."[6] Otro de los ex alumnos, Antonio Zambrana (1846-1922), resumía el significado de Luz y Caballero para "una juventud animosa que aguardaba con ansiedad el momento de la lucha y del sacrificio". La prédica fundamental del maestro, según Zambrana, fue "el amor a la verdad" y el "sacrificio por la justicia y la libertad de imprenta que gozaba de una manera imperfecta bajo el Gobierno de Don Francisco Serrano y Don Domingo Dulce..."[7]

Pero la formación humanista de los jóvenes salidos de muchos de estos colegios, y especialmente sus concepciones sobre el deber y la patria, circunstancial

---

[6] Antonio Sánchez de Bustamante y Montoro: *La Filosofía clásica alemana en Cuba. 1841-1898*, La Habana, 1984, p.34.

[7] Antonio Zambrana: *La República de Cuba* (Reproducción de la edición original hecha en Nueva York en 1873 por la librería e Imprenta de Néstor Ponce de León), en *Cuadernos Cubanos 5*. Universidad de La Habana, 1969, p.10.

a la ética nacionalista proveniente de Félix Varela, debían enfrentar todavía el alcance de los cambios suscitados en el real recinto universitario.

No obstante el control directo de la Universidad de la Habana por las autoridades españolas, luego de su secularización en 1842, y de pragmáticas como la denominada Ley Moyano sobre instrucción pública de 1857,[8] el denominado Plan de Estudios de 1863, cuyo objetivo esencial fue situar toda la enseñanza bajo la dependencia inmediata de una Junta Superior de Instrucción Pública, repercutió favorablemente en algunas direcciones de la educación, especialmente en los estudios superiores.

El nuevo Plan segregó de la Universidad los estudios generales que correspondían a la segunda enseñanza y estableció los llamados Institutos de Segunda Enseñanza en las regiones de la Habana, Santiago de Cuba, Matanzas y Puerto Príncipe. Quedaba suprimida así la antigua Facultad de Filosofía, y en su lugar se instauraban las enseñanzas correspondientes a las dos nuevas facultades de Filosofía y Letras, y la de Ciencias, al tiempo que Bachiller y Morales, ex decano de la Facultad de Filosofía, pasaba a ser director del Instituto de la Habana.

Las distintas cátedras universitarias fueron ocupadas por intelectuales importantes, y la filosofía,

---

[8] En su artículo 296 prescribía que "cuando un prelado diocesano advierte que en los libros de texto o en las explicaciones de los profesores, se emiten doctrinas perjudiciales a la buena educación religiosa de la juventud, dará cuenta al gobierno, quien instruirá el oportuno expediente". Antonio S. de Bustamante: Ob. Cit., p.17.

según Vidal Morales, volvió a desbrozar caminos en los años sesenta y a marcar pautas en la formación de conciencias. La Universidad sería testigo esta vez de las concurridas clases del catedrático José Manuel Mestre, quien junto a Rafael María de Mendive, José Ignacio Rodríguez, Nicolás Azcárate, Alvaro Reinoso, José Silverio Jorrín, Juan Clemente Zenea, entre otros, enfrentaban los tortuosos rumbos de la enseñanza y de la cultura general de la colonia. Al decir de Varona, fue el único período en que las ideas de Luz y Caballero se dejaron sentir en el centro de altos estudios, echando por tierra los *Elementos de Filosofía* del presbítero español Jaime Balmes, texto oficial designado por el gobierno para impartir esa materia.[9]

Las limitaciones que imponía el centralismo metropolitano no fueron óbice para que el Aula Magna acogiera en sus sesiones de "juevinas" y "sabatinas" a una nutrida afluencia de estudiantes de distintos cursos universitarios, interesados en el amplio debate de diversos temas. El alto centro de estudio se convirtió en uno de los enclaves básicos en la cohesión de los jóvenes procedentes de distintas regiones de la Isla y en la difusión e intercambio de inquietudes. Como expresara Rafael Morales y González, *Moralitos* (1845-1872): "¡Dichosa Universidad, adonde han ido a alojarse esas nobles y grandes ideas, esos principios que en no lejano día habrán de regenerar la Patria! De ser cierto, concluía:

---

[9] Vidal Morales y Morales: *Hombres del 68. Rafael Morales y González*, La Habana, 1972.

"ya nos encargaremos nosotros los estudiantes de esparcirlas por todo el país".[10]

La Universidad alternaba con las moradas de prestigiosos poetas, abogados y oradores, en las cuales la juventud tenía su espacio, y en donde se confundían en la intimidad de los salones maestros y alumnos, siempre atentos a las intervenciones de hombres como Azcárate, discípulo de Del Monte o de Mendive, influido por su maestro José de la Luz.

La tradición delmontina sería continuada por sus discípulos. Domingo del Monte era "el patriarca de toda la pandilla literaria de buen gusto", escribía José Zacarías González del Valle a su amigo Anselmo Suárez y Romero en 1838. Convocaba tertulias en su casa, prestaba sus libros, escuchaba las obras presentadas y ofrecía sus oportunos consejos. Desde su residencia el maestro dio a conocer a Víctor Hugo, a Honorato de Balzac, a Walter Scott y sobre todo a Johann W. Goethe, sin desestimar a los clásicos españoles, ni desatender la realidad política en que vivían.

Para una aproximación al ambiente intelectual en que se formó la nueva generación, conviene detenerse en las confesiones de Enrique José Varona (1849-1933), y observar los referentes formativos de un joven principeño a mediados de la centuria: "Larra, Martínez de la Rosa, Hartzenbusch, Bretón, García Gutiérrez y Zorrilla, ocupaban mis horas de escolares", mientras que la primera ópera a la que asistió fue *El Trovador*, que musicalizó Verdi,

---

[10] Vidal Morales y Morales: Ob. Cit., p.86.

familiarizándose luego con *Hernani, Lucía, Rigoletto,* entre otras.[11]

O sea, se formaba como tantos jóvenes de su época al calor de la polémica literaria. Con Hernani y sus cuarenta y cinco funciones seguidas, los románticos se erigieron en triunfadores, al tiempo que Víctor Hugo era acogido como maestro de una escuela en la que figuraban nombres como Teófilo Gautier, George Sand, Alfredo de Vigny, Eugenio Sue, Alejandro Dumas, Alfredo de Musset, entre otros. La muerte, los sueños frustrados, el letargo social entre márgenes imposibles de sortear, la naturaleza como refugio, el "Yo" que se estremece en la soledad, discurren como principales asuntos artísticos y literarios, fieles espejos del gran drama de un mundo que se espanta de sí mismo, sin encontrar por ello respuestas a sus fragilidades.

Las polémicas, originadas por el nuevo lenguaje de las formas y por la introducción de motivos, muchas veces alejados de los gustos y preferencias del público aristocrático; en los que la realidad dramática de un Balzac o del joven Émile Zola podía ser considerada como una deformación temática de imaginaciones mórbidas, llegaban actualizadas a la Isla. Hacia mediados del 1840 una tercera parte de los libros importados provenían de Francia, mientras que dos tercios procedían de la metrópoli. Deville y Chauviteau, libreros parisienses, enviaban con frecuencia a La Habana los últimos títulos publicados en ese país. Del mismo modo, las cartas existentes en el Centón epistolario de Del Monte dan cuenta de los

---

[11] Enrique J. Varona: "Leyendo a Piñeyro", *El Fígaro*, 4 de septiembre de 1904, en Ana Cairo: *Letras. Cultura en Cuba*, vol. 6, La Habana, p.31.

frecuentes pedidos que hacía el intelectual cubano al señor Chovitau, su banquero en París.[12] Estos libros enriquecían la biblioteca delmontina, toda vez que mantenían actualizada a la intelectualidad insular en lo relacionado con el enfrentamiento entre el clasicismo y el romanticismo.[13]

De la influencia de la corriente romántica europea en la Isla, y especialmente en la nueva generación, dan fe los *Cromitos* de Manuel de la Cruz. Así, al referirse a la formación de Zambrana, decía:"... el orador revolucionario surgió bajo el reinado mental de Víctor Hugo, recitando con místico arrobo las palabras de Lamartine en su inmortal elegía a los girondinos".[14] Igualmente, al hablar de Diego Vicente Tejera (1848-1903) apuntaba: "Amó a Goethe más que a Schiller, porque su temperamento tiene más semejanzas con el marmóreo autor de Ifigenia en Tauride (...) que con el autor, apasionado y vehementísimo, de Los bandidos y Guillermo Tell".[15]

El otro referente importante de lecturas, dentro de la vastedad de títulos y autores de disímiles materias y épocas que devoraban, serían los escritores del siglo XVII, quienes ejercían a escala universal enorme influencia en la corriente romántica. Entre 1600,

[12] Carmen Suárez León: *José Martí y Víctor Hugo en el fiel de las modernidades*, La Habana, 1997, p. 72.

[13] Véase de Wanda Lekszycka: "El romanticismo, Hugo, Balzac y Charles Comte en el Centón epistolario de Domingo del Monte", en *Universidad de la Habana*. no. 237, enero-abril de 1990, p.116.

[14] Manuel de la Cruz: *Cromitos cubanos*, La Habana, 1975, p. 64. Se refiere a la obra de Alfonso de Lamartine, *Historia de los girondinos*, publicada en Francia en 1847.

[15] Ibídem., p. 206.

fecha de nacimiento de Calderón de la Barca; y 1699, en que muere Racine, se enmarca una etapa transicional en la que lo ignoto y la agonía de un mundo decadente comienzan a ventilarse a través de una óptica racional. Filósofos, poetas, literatos, músicos, políticos, científicos, herederos cercanos del renacimiento, volcarían en sus obras, de una u otra forma, la concepción genérica del hombre, y la razón como su principal esencia.

El siglo de Newton, Cromwell, Descartes, Spinosa, Locke y Leibniz, sería también el de Shakespeare, Lope de Vega, Góngora, Molière y Corneille. Intelectuales todos inmersos en la búsqueda de una nueva forma de interpretación de su realidad; de un nuevo lenguaje y de un método que habría de erigirse hasta la Ilustración en un sistema absoluto de verdades incuestionables.

La intelectualidad cubana acogería esta búsqueda, "haciendo del liberalismo una bandera de libertad para la creación literaria y la defensa de lo nacional".[16] Aunque distanciada en el tiempo de un *Fausto* o un *Tartufo*, dicha intelectualidad estaba auto identificada con el enfrentamiento de los personajes al medio social y con la crítica a los valores de sociedades en transición. Para el joven José Martí (1853-1895), por ejemplo, la historia del teatro universal comprendía a algunas de estas figuras: "Es Calderón en el ingenio humano cima altísima, y allá en el cielo alto se hallan juntos él y Shakespeare grandioso, a par de Esquilo, Schiller y el gran Goethe.

---

[16] Carmen Suárez: *José Martí y Víctor Hugo en el fiel de las modernidades*, pp. 80-81.

Y a esa altura nadie más".[17] Criterio similar expresaba Rafael Montoro (1852-1933), cuando al evocar a Shakespeare afirmaba: "En el teatro moderno no tiene quien lo iguale, fuera de Calderón, que a veces se le acerca".[18]

Como todo movimiento renovador y de ruptura, su recepción fluctuaba entre la feliz acogida y el rechazo, acentuado este último en las figuras de mayor edad. Para el maestro de generaciones, Del Monte, abanderado de una literatura docente y moralizadora, y ardiente defensor de la retórica neoclásica, que tenía en el español Leandro Fernández de Moratín a su principal exponente, las obras de Lope de Vega, Calderón, Quevedo y Góngora eran sencillamente "monstruosidades", al tiempo que arremetía contra las producciones románticas de Dumas, Sand, Balzac y Vigny. De su crítica demoledora no escaparían los románticos españoles: "En nuestra España (...) Larra y García Gutiérrez, tienen también el sello de la maldición que distingue esta literatura de réprobos, copia y modelo a la vez de la corrupción de las costumbres".[19] Para la Avellaneda, por su parte, se trataba de una "escuela bastarda de pintores de lo feo" y de las "asquerosidades".[20]

---

[17] José Martí: "Juan de Villalpando", publicado en la *Revista Universal* de México el 23 de agosto de 1876, en *Obras Completas*, t. VI., p. 439.
[18] Max Henríquez Ureña: *Panorama histórico de la literatura cubana*, t. II, La Habana, 1978, pp.26-27.
[19] Ibídem., p.196.
[20] Mirta Aguirre: Ob. cit., pp. 349-350.

No obstante, lo que se estaba produciendo -según la ensayista Suárez León- era "una convivencia de cánones estéticos europeos ajustada a las condiciones de nuestra cultura y nuestra historia". Más que rechazos tajantes a determinado modelo, romanticismo e ilustración "coexisten sin rupturas virulentas, más bien es un diálogo constante, unas veces paradójicos y otras veces concordado armónicamente por una realidad social que legitimaba esos maridajes".[21]

Uno de los principales espacios donde la juventud tenía acceso a esas polémicas literarias, filosóficas, científicas y de jurisprudencia, sería el de las revistas, las que con el tiempo se convertirían en uno de los factores cohesionadores más importantes de esta generación de intelectuales. A la desaparecida *Revista de la Habana* y la *Floresta Cubana*, le sucedían *Cuba literaria* (1861-1862), de José Fornaris y José Socorro de León; la *Revista Habanera*, de Enrique Piñeyro y Juan Clemente Zenea, así como el *Álbum Cubano de lo Bueno y lo Bello* (1860), dirigido por la poetisa Gertrudis Gómez de Avellaneda y *La Revista del Pueblo* (1865), fundada por los esposos Zambranas y continuada por Piñeyro.

Otras vías de acceso a los debates serían las traducciones de publicaciones llegadas del exterior. El padre de Enrique José Varona, por ejemplo, estaba entre los abonados al *Courrier des États Unis*. En su casa camagüeyana acogía a los amigos, ávidos de información y de polémicas. El padre traducía: el auditorio escuchaba. El hijo, sin embargo, prefería el

---

[21] Carmen Suárez: Ob. cit., p. 81.

suplemento literario de la revista a los editoriales y noticias.

Las veladas literarias continuaban entre los espacios favoritos. Entre las más significativas en estos años se encontraban las celebradas en el Liceo de Guanabacoa, y las tertulias dominicales, celebradas a partir de 1860 en el Liceo de la Habana. Vidal Morales (1848-1904) recuerda las *soirées* literarias a principios de 1865, en las que se reunían los más reconocidos literatos de su tiempo, y que contribuyeron a mantener entre los jóvenes "el culto a lo bello". En esas reuniones, efectuadas los jueves de cada semana, leían sus obras figuras reconocidas como Luisa y Julia Pérez Montes de Oca, José Fornaris, Felipe Poey, José de Armas y Céspedes, los hermanos Sellén, Joaquín Lorenzo Luaces, Anselmo Suárez y Romero, Alfredo Torroella, José Silverio Jorrín, Ramón Zambrana, entre otros.

En esta preparación desempeñaba un papel importante los estudios en Europa y en Estados Unidos. Si bien en los propios años 1850 y 1860, muchos de estos jóvenes viajaron a Europa, bien por problema de salud, como el caso de Montoro, o bien para ejercer sus estudios, la década siguiente, resentida por el conflicto bélico, imponía ciertos imperativos que obligaban al cumplimiento de la preparación docente en el exterior.

Estaban los que priorizaban la culminación de su formación profesional en un ambiente alejado de las tensiones del momento, o quienes eran deportados por sus actividades revolucionarias e ingresaban en las universidades españolas. En otros casos, incidía la impronta de la Reforma de 1871 al Plan de

Estudios de 1863, dictada durante el mando del general Blas Villate de las Heras, conde de Valmaseda. Dicha disposición suprimía los estudios propios del Doctorado en las facultades de Derecho, Medicina y Farmacia, los cuales tenían que cursarse en lo sucesivo en las universidades de la Península, prohibía la concesión del título de Doctor, excepto en Teología, y, por último, establecía los estudios propios de la Facultad de Filosofía y Letras, y de la de Ciencia hasta el grado de Bachiller, teniendo que cursarse en la metrópoli los correspondientes a la Licenciatura y el Doctorado.

En cualquiera de los casos el adolescente de la época entraba en contacto directo con las polémicas científicas y las teorías más avanzadas del pensamiento universal, y con un contexto que iba más allá del reducido y anquilosante escenario colonial. Las principales carreras que matriculaban eran Derecho, Filosofía y Letras, y Medicina, regresando posteriormente a la Isla.

Las variantes eran múltiples; en algunos casos retornaban a la Habana en medio del conflicto, establecían sus negocios, y cursaban más tarde otras carreras en la Universidad de La Habana; en otros, arribaron finalizada la guerra, ejerciendo muchas veces como profesores auxiliares de las facultades universitarias o matriculando otras especialidades en la Habana. Muchas de estas figuras, sumadas a la revolución, vieron interrumpido su itinerario docente, concluyendo sus estudios en las universidades europeas o en la capital insular, luego de derogada la Reforma de 1871 y establecido el denominado Plan de Estudio de 1880. Por último, estaban los que estudiaron en los altos centros docentes europeos durante la guerra y culminaron su formación intelectual fuera de la Isla, inmersos en las actividades revolucionarias.

A pesar de la formación literaria y humanista de los jóvenes que coincidían en los distintos espacios expuestos antes de la contienda bélica, Cintio Vitier advierte un rasgo que tipifica lo que él denomina "la generación de Montoro y de Varona" cuando la compara con exponentes de la siguiente promoción. Mientras estos últimos coincidían en su vocación estrictamente literaria, los primeros, en cambio, mostraban en sus métodos un interés simultáneo "por lo filosófico y lo literario, convergentes en lo político".[22]

Efectivamente, aun cuando en los años siguientes a la guerra la irrupción definitiva de un número considerable de estos jóvenes en todos los campos de las ciencias, la jurisprudencia, la literatura, el arte, y la filosofía, cuajara como fenómeno intelectual, la tribuna política, con el soporte teórico del resto de las materias señaladas, haría descollar a muchos de ellos, curtidos por la versatilidad de sus conocimientos y por la concepción formal y estética de sus piezas; inspiradas al igual que sus maestros en el gusto a lo bello. Para no mencionar a los oradores más conocidos de esta generación, expuestos en el transcurso del texto, citemos solamente los casos de Leopoldo de Sola (1850-1908), José Bruzón (1841-1913), Miguel F. Viondi (1846-1919), Manuel de Jesús Ponce (1846-1894) y Eudaldo Tamayo y Pavón (1851-1922), entre otros.

---

[22] Cintio Vitier: "Prólogo" a *La Crítica literaria y estética en el siglo XIX cubano*, La Habana, 1974, pp. 28-29.

A partir de la distinción generacional que hace Vitier, y teniendo en cuenta que los criterios sobre el período de las generaciones o las zonas de fechas no coinciden siempre en los estudios relacionados con esta teoría aplicado a la literatura cubana,[23] existe otro factor que desde el punto de vista psicológico y de formación delimita la generación del 80 con la promoción siguiente. El elemento o barrera no es literario, sino histórico. El propio Manuel de la Cruz al referirse a su coetáneo Ramón Meza (1861-1911), lo enmarca dentro de lo que nombra "la nueva generación" y argumentaba su enfoque: "... la generación que poblaba las escuelas cuando la guerra arrasaba la Isla y transformaba nuestro orden social..."[24] O sea, los más jóvenes nacidos en los años de la década del 60 y formados prácticamente al calor de las conmociones políticas de la Isla.

La Generación del 80 convergía con esta promoción en la década bélica y también con la de sus predecesores, pero con una formación docente más acabada y edades complejas, que fluctuaban entre los 15 y 35 años de edad. Este rango delimitaba, de hecho, dos subgrupos en la generación El primero, integraba a los nacidos durante los años de la década del 40, justamente los más vinculados a la atmósfera psicológica vivida durante los años de 1837 como pasado inmediato, y a las conmociones político-sociales de esta década. De ahí que Vidal Morales, al exponer el desinterés de Moralitos por el movimiento

---

[23] Sobre esta temática véase las obras citadas de Raimundo Lazo, Max Henriquez Ureña, José A. Portuondo, Cintio Vitier, José Juan Arrom, además de Salvador Bueno: *La Crítica literaria cubana del siglo XIX*, La Habana. 1979.
[24] Manuel de la Cruz: Ob. Cit., p. 252.

reformista de los años 60, alegara que se hallaba persuadido "de que Cuba nada tenía que esperar del gobierno metropolitano, que desde 1837 no cumplía sus reiteradas y falaces promesas", y que sentía el fracaso de quienes consideraba los precursores de la independencia de Cuba: "el funesto año 1851, con el suplicio de Narciso López, Joaquín de Agüero, Isidoro Armenteros y sus ilustres compañeros y más tarde, en 1855 con el martirio de Pintó y de Estrampes."[25]

El segundo subgrupo estaba compuesto por una nutrida pléyade de jóvenes intelectuales, nacidos alrededor de los años 1850 y 1855, más relacionados en su infancia con la atmósfera liberal que buscaba crear España en la colonia, luego de dos décadas extremadamente tensas.

Causas y efectos de la distinción que hace Vitier reafirman, dentro de la coetaneidad, lo que Portuondo califica como el "quehacer generacional", enriqueciendo así la teoría del alemán Petersen sobre los factores determinantes de las generaciones.[26] No se trata sólo de determinados nombres enfrentados en comunidad personal al clasicismo, o del glosario de obras que traspasaban el océano, sino más bien del espíritu de un mundo en transición, y de una intelectualidad uncida a sus contradicciones e inmersa en la propia antítesis existencial de un drama **donde** lo sublime y lo grotesco parecían ser las caras de una sociedad en crisis.

---

[25] Vidal Morales y Morales: *Hombres del 68. Rafael Morales y González.*, p.73.

[26] José Antonio Portuondo: "La Historia y las generaciones" (Leído en el Lyceum de la Habana, septiembre de 1950), La Habana, 1981, pp. 64-65.

La impronta cultural de los cambios penetraba al mismo tiempo los más recónditos rincones del interés de una juventud ávida de conocimientos y en un contexto continental no ajeno a esta dinámica. Se trataba, en esencia, de un amplio movimiento de ideas que había cuajado en el Continente desde la segunda mitad del siglo XIX, y especialmente durante sus cuatro últimas décadas. Junto con las múltiples asociaciones de cultura y de estudios científicos, algunas estimuladas por la Academia Española de Madrid, que llamaría "correspondiente", aparecerían, de forma relativamente estable, un número considerable de periódicos y revistas.[27] En los diversos campos de las artes y de las ciencias sobresalían nombres de importantes etnólogos, arqueólogos, botánicos, filósofos, geógrafos y filólogos, interesados en difundir los conocimientos científicos y al efecto implementaban Escuelas Normales, Colegios nacionales, Museos de Ciencias Naturales, además de las conferencias impartidas en centros culturales y científicos, y de las publicaciones en las más importantes revistas de sus respectivos países.

En Cuba las tensas relaciones con la metrópoli definían aún más los espacios. Las reuniones literarias en las moradas de intelectuales derivaron en asociaciones del prestigio del Ateneo Cubano y el

---

[27] Podemos citar como ejemplos: *Revista Chilena* (1875-1880); *El Regenerador*, de Ecuador; *La Patria* (1877-1882) y el *Repertorio Colombiano* (1878-1884)-(18?-1899); *Revista del Río de la Plata* (1871-1878), *Revista de Buenos Aires* (1881-1885); *Revista Científica, Literaria y de Conocimientos Útiles*. Para más información véase a Pedro Henríquez Ureña: *Historia de la cultura en la América Hispánica*, La Habana, 1985.

Liceo de La Habana,[28] mientras en la zona oriental las Sociedades Filarmónicas comenzaban a agrupar no sólo al intelecto, sino también a la inquietud y a los sueños. Con la creación del Gran Oriente de Cuba y las Antillas (GOCA) y las logias secretas que esta agrupaba en toda la Isla, el despliegue grupal iba a adquirir ribetes más significativos, en tanto factor homogeneizador de roles y difusor de ideas compartidas.[29]

La interrelación grupal que propiciaban la preparación y ejecución de la guerra hubo de desenvolverse bajo el influjo de las propias condicionantes emocionales e ideológicas que imponía el conflicto hispano-cubano. El destierro y la muerte, la destrucción y la miseria, el escepticismo y la desilusión, así como el activismo y la ascendencia popular dentro del proceso revolucionario, establecieron linderos mentales que delimitaban los campos de la acogida y del rechazo; de la perseverancia bélica y de la paz a cualquier precio. La trascendencia de esta "experiencia catastrófica", según término de Petersen, polarizó tempranamente

---

[28] Las tertulias en la casa de José Fornaris dieron lugar a la fundación en 1864 del Ateneo Cubano, en donde comenzaron a destacarse jóvenes oradores como Antonio Zambrana y Vázquez (1846-1922), mientras que en las reuniones del Liceo de la Habana empezaban a despuntar figuras como Manuel Sanguily, José María Céspedes y Rafael María Merchán, por solo citar a algunos.

[29] Todo parecer indicar que paralelamente a las actividades del GOCA, se organizaban conspiraciones con grupos más selectos de jóvenes. Véase las palabras de Céspedes en *La Patria*, no. 5, Nueva Orleans, 20 de marzo de 1871.

las concepciones y posiciones políticas de una generación que podríamos considerar "mutilada".

Una tendencia permanecería junto a antiguos jefes y oficiales en la búsqueda de fórmulas de organización, capaces de revertir las limitaciones de la década heroica y de ofrecer respuestas a los problemas no resueltos por la guerra. Otra, quedó definida como un grupo más compacto desde el punto de vista de las edades alrededor de la directiva del Partido Liberal, más tarde Liberal Autonomista y de su órgano de prensa *El Triunfo*.

En la primera se encuentran figuras como José Martí (1853-1895), Eusebio Hernández (1853-1933), Diego Tamayo (1852-1926), Enrique Collazo (1849-1921), Manuel Sanguily (1848-1925) y Fernando Figueredo (1846-1929), inmersos en el convulso escenario de la fragmentada emigración y de los proyectos revolucionarios, debatidos en su organización entre la continuidad y la ruptura. En todos ellos, la pluma y la tribuna fueron armas que invocaban, una y otra vez, a la lucha armada y al rompimiento definitivo de los lazos coloniales.

La segunda agrupaba en la Isla a intelectuales de las dimensiones de Montoro, (1852-1933), Varona (1849-1933), de Miguel Figueroa (1851-1893), Raimundo Cabrera (1852-1923), Elíseo Giberga (1854-1916), de José Antonio Cortina (1852-1884), Antonio Govín (1849-1914), Rafael Fernández de Castro (1854-1916), Nicolás Heredia (1852-1901), entre otros. Para ellos, las tribunas políticas, científicas, filosóficas y la prensa también serían un arma, pero encaminada a reorientar los cambios a través de la evolución gradual y pacífica; de las transacciones capaces de garantizar las libertades públicas y el orden en lo que sería, al decir de Montoro, "el nuevo régimen".[30]

El ambiente intelectual de la época acercaría a esta juventud ilustrada y sus producciones quedarían recogidas en múltiples publicaciones: *El Fígaro* (1885); *La Habana Elegante* (1883), las revistas matanceras *El Ateneo* y *El Club de Matanzas*; *El Triunfo* (1878), posteriormente *El País* (1884); *La Semana* (1887), y, desde luego, las tres grandes publicaciones anteriormente mencionadas, *Revista de Cuba* (1877-1884), *Revista Cubana* (1885-1895) y *Hojas Literarias* (1893-1894.)[31]

Pero arterías más efectivas en la compenetración generacional fueron las instituciones culturales en las que, al decir de Ricardo Delmonte, Montoro encontraba el aire sano que proporcionaba el distanciamiento de las bulliciosas calles. Entre las más importantes se encontraban La Caridad, del Cerro; El Progreso, de Jesús del Monte; el Nuevo Liceo; el Círculo Habanero; el Liceo Artístico y Literario, de Regla, el Ateneo de la Habana; el Club de San Carlos, de Santiago de Cuba; La Tertulia, de Santa Clara, además de los centros ya establecidos como el Liceo de Guanabacoa y El Pilar. Sirvieron, asimismo, de espacios de debates corporaciones profesionales de la importancia del Colegio de

---

[30] Rafael Montoro. "Discurso pronunciado en el casino español de Güines", 12 de octubre de 1878, en Rafael Montoro: *Obras*, t. I, p. 22.

[31] Para una información más detallada sobre las publicaciones del período, véase de Juan J. Remos, "La Literatura", en Ramiro Guerra y otros: *Historia de la Nación Cubana*, t. VII, La Habana, 1952, p. 316.

Abogados, la Sociedad de Estudios Clínicos y la Sociedad Antropológica de la Isla de Cuba.

La asistencia a los teatros y a las tertulias coronaba esta identificación, al tiempo que contribuía a formar a la generación nacida en los años previos a la Guerra Grande y en su transcurso. Se mantenían las casas de prestigiosos escritores como sedes de reuniones e intercambios. Descollaban las efectuadas en la redacción de la *Revista de Cuba*, de Cortina, y las de la casa de José María de Céspedes. En ambas dieron a conocerse jóvenes talentos que plasmaron sus inquietudes en las "Veladas de la Revista de Cuba" y en "Las Conversaciones Literarias".[32]

Tales convergencias, en un clima de intenso debate político, propiciaban la consolidación de una autoconciencia de generación dentro de este grupo: Si Cabrera hubiera pertenecido a "otra generación" - apuntaba Montoro- "había vuelto desdeñosamente la mirada ante el cortejo inerme de los nuevos reformistas", y agregaba: "El señor Cabrera pertenece a una generación a la cual no fue nunca necesario explicarle el carácter fundamental de los deberes políticos del ciudadano".[33]

Una generación que, según Montoro, se regía por una filosofía de la vida basada en el progreso individual, muy a tono con los modelos que establecía Samuel Smiles en su *Self Help*. Parte consustancial de ese progreso era el desarrollo intelectual, y la máxima de Sócrates, *Mens sana in corpore sano*, estaría presente en la retórica de sus principales

---

[32] Ibídem., pp.321-322.
[33] Rafael Montoro: "Prólogo a la segunda edición de la obra de Raimundo Cabrera, *Mis buenos tiempos*", La Habana, 18 de febrero de 1892, en Obras, t. II, p. 58.

exponentes. Tal es el caso del joven Gonzalo de Quesada, cuando con el seudónimo de Paul Kawar, escribía su artículo "Nuestra Juventud" en un diario neoyorquino:

En el gimnasio, en la sala de armas, en los ejercicios atléticos busca [la juventud] la seguridad de sus nervios, la fortaleza de sus músculos, el desarrollo de su cuerpo. Empieza a desechar el baile; la danza ha perdido sus antiguos atractivos; el gallo ya no le fascina. En los colegios adquiere conocimientos útiles, aprende a ser tolerante, investiga, discute, piensa, y en los rudos trabajos de la vida, lucha y regenera su espíritu, ensancha su alma.[34]

Se trataba de la misma filosofía corporal que animaba el reglamento del Círculo de la Juventud Liberal de Matanzas, establecido oficialmente el 21 de agosto de 1886. La idea de la "gimnasia autonomista", tan reiterada por su líder Nicolás Heredia, daba contenido al artículo primero de la mencionada sociedad: uno de sus objetivos primordiales consistía en vigorizar el cuerpo de los asociados "mediante la práctica de toda clase de ejercicios físicos". Había que "armonizar la idea con el músculo" y al efecto se planteaba el lema: "almas robustas en sanos organismos".[35]

---

[34] Gonzalo de Quesada: "Nuestra Juventud", *La Juventud*, Nueva York, 16 de septiembre de 1889. Tomado de: *Gonzalo de Quesada. Páginas Escogidas*, La Habana, 1968, pp. 183-184.

[35] Nicolás Heredia: "Discurso en la velada inaugural del Círculo de la Juventud Liberal de Matanzas", 21 de agosto de 1886. Urbano Martínez Carmenate: *Nicolás Heredia*, La Habana, 1999, p. 90.

La incorporación de los adelantos técnicos en la creación de gimnasios domésticos facilitaba la promoción de la educación física en niños y jóvenes. Entre los máximos difusores de esta idea se encontraba el joven revolucionario José Martí. En una de sus crónicas neoyorquinas, a inicio de 1880, luego de describir el aparato Gifford,[36] presentado en una de las exposiciones norteamericanas, exaltaba sus valores como factor de relajamiento, placer y salud; con él podrían ejercitarse, tanto el hombre como la mujer, "en todos los movimientos saludables" que aumentaban "la fortaleza de los músculos y la armonía y gracia de sus formas".[37]

La generación tenía también sus líderes reconocidos por sus coetáneos, los cuales conformaban y cohesionaban la red intelectual de una promoción que buscaba imponerse en la palestra pública finalizada la guerra. Cortina era uno de ellos. Contaba Giberga, dos años mayor que el joven autonomista, como en la noche de la constitución del Partido Liberal Nacional en el teatro Payret, llamado entonces Teatro de la Paz, él y un grupo de amigos, en desacuerdo con la escisión de la opinión liberal en la Isla, solicitaban incesantemente la palabra en el cónclave. Pasaban inadvertidos; relegados. El fracaso parecía evidente, cuando de pronto les concedieron el turno: "... Nunca me he visto en caso igual - confesaba Giberga- yo no

---

[36] El aparato incluía barras paralelas y poleas sobre ruedas ajustadas firmemente para el levantamiento de las pesas y múltiples secciones del propio gimnasio para el fortalecimiento de los distintos músculos del cuerpo.

[37] José Martí: "El Gimnasio en la casa", *La América*, Nueva York, marzo de 1883. Tomado de: *José Martí. Obras Completas*, t VIII, La Habana, 1963, p. 391.

sabía lo que iba a decir, yo no sabía lo que iba a hacer. Por fortuna llegó en aquel momento José Antonio Cortina..." La entrada del joven en la sala fue su salvación y al verlo, apuntaba: "...reconocimos los alborotadores de entonces a nuestro jefe natural, reconocimos al hombre de mayor prestigio y de mayor autoridad". No tenía otra alternativa y dirigiéndose a él le dijo: "Ven tú, sí, tú; yo tengo la palabra y te la cedo". [38]

La muerte temprana del tribuno autonomista, y su sepelio, tal vez comparado con la apoteosis de Voltaire, conmovió a la juventud de entonces. La poetisa Nieves Xenes (1859-1915), llegó a expresar algo más que su admiración por Cortina en "El retrato" que haría después de ese suceso: "/Y su genial palabra subyugaba /y era viril, ardiente y luminosa /si el amor a la patria la inspiraba /fuerte ariete o palanca poderosa/".[39]

Para las generaciones posteriores el liderazgo de Sanguily, Montoro y Varona parecía indiscutible durante los años de 1880. Cuando Emilio Bobadilla (1862-1921), en su libro *Escaramuzas* (1888), emprendió su agresiva crítica contra la filosofía de Varona, De la Cruz, con su habitual seudónimo de Juan Sincero, exhortó a Sanguily, desde las páginas de *La Habana Elegante*, para que refutara los criterios de su coetáneo. Este último, acogiendo el

---

[38] Eliseo Giberga: "Las ideas políticas en Cuba durante el siglo XIX". (Disertación pronunciada en la Sociedad de Conferencias, 1913), en *Cuba Contemporánea*, t. X, La Habana, 1916.

[39] Véase el poema en Max Henriquez, *Panorama histórico de la literatura cubana*, pp. 238-239.

llamado, plasmó su respuesta en la *Revista Cubana*. No era difícil. El argumento generacional se imponía. Sin dejar de aquilatar la capacidad intelectual de Bobadilla, le negó preparación suficiente: "...todavía es muy joven y, por tanto, casi natural que en él se note el desequilibrio..."[40]

El quehacer organizativo de José Martí en la emigración durante los años de 1880, y especialmente a partir de 1887, la creación del Partido Revolucionario Cubano, obra cumbre en la búsqueda de la necesaria unidad revolucionaria, sus dotes de intelectual comprometido con la independencia, su estremecedora oratoria cargada de contenido ético y hasta su muerte temprana, fueron algunos de los factores que lo convirtieron en líder indiscutible de generaciones; en el Maestro y hasta para muchos en el Apóstol. Bajo la égida de su nombre se hizo y deshizo, cada acto llevaba sus legitimadoras iniciales, sin importar a veces el contenido y las respuestas a los enfrentamientos a su personalidad, aún por coetáneos de prestigio como Giberga, demostraban que, al margen del acontecer político en la Isla, la figura de Martí había trascendido los linderos generacionales.

Existían preocupaciones compartidas, claro está, pero también diferencias entre sus integrantes. Las concepciones en cuanto a "los deberes de la generación" en Martí con respecto a su coetáneo Montoro, marcaban un distanciamiento evidente que habría de influir en todos los terrenos de la acción política. Las actitudes del ciudadano en el líder autonomista, se identificaban, en el caso cubano, con las orientaciones de los "nuevos reformistas", e

---

[40]Ibídem., p. 153.

implicaban las demandas de cambios sin alterar el orden colonial; en soluciones "desde arriba" que armonizaran con la idea de progreso y libertad en su versión elitista. Para el autor de *Abdala*, el quehacer de lo que denominaba "nuestra generación", estaba más en el fondo: "Hemos hecho muchas revoluciones de principios, pero todas éstas serían infructíferas mientras no hagamos una revolución de esencia..."[41]

¿A qué respondían las diferencias de criterios entre José Martí y Rafael Montoro con respecto a los deberes de su generación? Habría que decir que en estos hombres se expresan los extremos en los modos de pensar una realidad socio histórica y, por consiguiente, las soluciones a sus problemas. Por una parte, un fiel representante de la ideología liberal conservadora; por otra, la figura que encarna las posiciones más avanzadas del pensamiento democrático radical cubano. Entre uno y otro existe un amplio campo de concepciones políticos sociales, divergentes en determinados asuntos, pero que convergen también a la hora de enfrentar problemas medulares de la sociedad.

La diversidad en los matices sugiere, en primera instancia, la existencia de inquietudes comunes frente a cuestiones que son propias de la coyuntura histórica y que difícilmente podían ser eludidas. Evolución y revolución, reformismo y lucha armada, recorren, en tanto opciones o alternativas finisecu-

---

[41] José Martí: "La Civilización de los indígenas", Revista Universal. México, 14 de enero de 1876, en Centro de Estudios Martianos: *Obras Completas. Edición Crítica*, t. II, La Habana, 1985, p. 254.

lares de enfrentamiento a la realidad colonial, intrincados derroteros susceptibles de desplazamientos de acuerdo con las condicionantes contextuales.

Pero más complejo ha de presentarse el análisis en el terreno de las ideologías, configuradas por signos característicos de una formación, de una cosmovisión y aprehensión del mundo y de las realidades que condicionan los actos del individuo. Como suele suceder con las opciones políticas, en el terreno de las ideologías también se producen cambios, solo que con diferentes implicaciones. En el primero de los casos, los desplazamientos son coyunturales, y están dirigidos a la búsqueda de las alternativas más viables para enfrentar la contradicción colonia-metrópoli. En el otro, los cambios llevan implícitos modificaciones sustanciales en los modos de aplicar el universo teórico en general del individuo a su realidad concreta.

O sea, un reformista ante determinada coyuntura podía incorporarse a las filas de la revolución, tan consciente de la incapacidad del cubano para gobernarse por sí mismo, como cualquier otro reformista que haya mantenido su afiliación. Sin embargo, un cambio de ideología, siguiendo con el ejemplo expuesto, conllevaría a que en ese individuo se produjera una evolución en sus concepciones teóricas, formadas y arraigadas en un contexto determinado, que lo llevara a asumir conscientemente la capacidad del cubano para establecer y mantener un gobierno propio.

Para acercarse a una mejor comprensión de este problema, más que enfatizar en los elementos que separan y diferencian a los representantes de las distintas opciones políticas en el debate sobre los modos y medios de enfrentar a la metrópoli, es necesario insistir en aquellos puntos que los acercan y que, en ocasiones, los identifican de manera notable. O sea, entrar en el campo de las ideologías, no con el ánimo de abarcar cada una de las parcelas del pensamiento, lo cual implicaría el estudio de los más disímiles problemas de la realidad colonial y poscolonial, y las valoraciones que sobre ellos hacían la intelectualidad de la época, sino con el espíritu de adentrarse en los asuntos claves que están en el centro de los debates; en torno a los cuales giran otras problemáticas importantes, y que definen los desplazamientos poscoloniales en el terreno de las ideologías hacia las posiciones más conservadoras del pensamiento liberal.

Los puntos de partida para este estudio han de ser los dos pilares fundamentales que sostenían los más diversos argumentos en cuanto a las posibilidades del gobierno propio en Cuba: la problemática social, por una parte y, por otra, las posibilidades del Estado para enfrentar la cuestión económica y especialmente la regulación de las relaciones comerciales con el resto del mundo, particularmente con Estados Unidos.

IDEOLOGÍA LIBERAL: TENDENCIAS Y ÁREAS DE CONVERGENCIA

EL PROBLEMA DE LAS RELACIONES COMERCIALES

Los rasgos definitorios de la ideología liberal en Cuba con relación a los que distinguen al modelo clásico del pensamiento liberal burgués tienen su génesis -al decir del historiador Eduardo Torres-Cuevas- en la conformación original del universo socio-cultural del criollo en su formación y desarrollo, y en las tipicidades del sistema plantacionista implantado a finales del siglo XVIII.[42] Mientras el liberalismo europeo surgió como cuerpo teórico universal, sustentando la racionalidad de la autonomía del hombre en sociedades industriales aquejadas por la herencia teológica medieval de los Estados monárquicos feudales, en Cuba su eclosión se inscribió en los marcos de estructuras e instituciones coloniales y mediante un sistema productivo particularizado por su orientación hacia el mercado capitalista mundial sobre la base de la mano de obra esclava.

Por consiguiente, tanto la problemática esclavista, desde el punto de vista social, como las relaciones con el mercado internacional, en el orden económico, estuvieron desde un inicio en el centro de los principales planteamientos de la burguesía liberal

---

[42] Eduardo Torres-Cuevas: *Félix Varela, los orígenes de la ciencia y con-ciencia*, 1995, p. 186.

en Cuba. Cualesquiera que fueran los enfoques de los diferentes grupos y sectores sociales de la estratificada sociedad colonial en torno a esos problemas, estos pasaban necesariamente por el cuestionamiento del orden colonial, así como del papel del Estado metropolitano en la regulación de "las libertades" de los insulares en todos los órdenes.

Los resultados en la interiorización y elaboración de las respuestas que permitieran la realización del ideal burgués en los estrechos marcos coloniales enfrentaban inevitablemente los intereses de la burguesía liberal en España; sus contradicciones y sus conceptos con relación al papel del mundo colonial en su desarrollo. Desde las confrontaciones de ideas en las Cortes de Cádiz con relación al tema colonial se apreciaba los intereses de la metrópoli por continuar recibiendo los beneficios de las posesiones coloniales. Por una parte, la proclamación de reformas de carácter burgués que debían ser extendidas a las "provincias ultramarinas", igualadas en teoría a sus supuestas similares de la Península, por otra, la continuación en la práctica de los atávicos mecanismos de explotación colonial. [43]

He ahí la gran contradicción que enfrentaba el pensamiento liberal cubano. Las "libertades" que en la práctica reclamaban estaban en contraposición a los intereses de los sectores liberales que en la Metrópoli se enfrentaban al absolutismo y exigían "sus" libertades. De ahí la pregunta que años después hiciera el autonomista Antonio Govín: ¿Qué

---

[43] Áurea Matilde Fernández Muñiz: "Contradicciones de la sociedad española ante la invasión napoleónica", en *Universidad de La Habana*, no. 237, enero-abril de 1990, p. 44.

obra pueden presentar los partidos liberales de la Península que compita en magnitud y excelencia con la realizada en plena reacción por D. Fernando VII?". La respuesta evidenciaba la complejidad de estas relaciones: "Los liberales de allende fueron con relación a las colonias más que meticulosos, reaccionarios". Por tanto, no había que extrañarse – según Govín- "que en la isla de Cuba hayan mejores recuerdos del absolutismo que del régimen constitucional".[44]

Las consideraciones del líder autonomista mantenían plena vigencia en aquel contexto histórico. No se trataba sólo de recuerdos lejanos en el tiempo, ni de aspiraciones pasadas enfrentadas a la terquedad metropolitana, sino también de esperanzas en un nuevo orden que replanteara las relaciones de la colonia con el Estado español después de concluida la Guerra de los Diez Años.

Sin embargo, la dinámica colonial en la segunda mitad del siglo XIX estaba sujeta a cambios en la estructura socio-económica, las cuales matizaban las expresiones del pensamiento liberal cubano. La Guerra de los Diez Años funcionó en esta dinámica como agente catalizador. Sus consecuencias económicas y sociales impactaron en el reordenamiento capitalista, acelerando dos procesos de incuestionable alcance: la abolición de la esclavitud y la concentración del capital.[45]

---

[44] Antonio Govín: *Las leyes especiales. Colección de artículos publicados en El Triunfo*, Imprenta El Cosmopolita, La Habana, 1880, pp. 58-59.
[45] Al respecto pueden verse obras como la de Julio Le Riverend: *Historia económica de Cuba*, La Habana, 1974, de Jean Stubbs: *Tabaco en la periferia. El complejo agro-*

La asistencia a estos eventos marcaba rangos diferenciables a escala sectorial y regional y en el ámbito de las elites de poder en la Isla. Del conflicto emergió un poderoso grupo, denominado por Le Riverend la "nueva aristocracia del dinero", mayoritariamente de origen hispano y vinculado estrechamente al Estado español, a través de disímiles negocios.[46] Si bien hasta ese momento los procesos de movilidad social acontecidos en los sectores económicamente dominantes en Cuba respondieron a sus exigencias adaptativas y contribuyeron, finalmente, al desarrollo de los sectores de la oligarquía criolla, el desplazamiento social de posguerra benefició fundamentalmente a los sectores y grupos de la burguesía peninsular.

Las relaciones de poder entre estas nuevas familias, propietarias de grandes empresas como la Compañía Trasatlántica del Marqués de Comillas y el Banco Hispano-Colonial, con las autoridades peninsulares, su control sobre las entidades financieras y, además, sus vínculos con el Partido Unión Constitucional, de composición mayoritariamente española, hacía más difícil, casi asfixiante, la situación para la población insular,

---

industrial cubano y su movimiento obrero 1860-1959, La Habana, 1989, de Fe Iglesias, "El desarrollo capitalista de Cuba en los albores de la época imperialista", en Instituto de Historia de Cuba: *Historia de Cuba. Las Luchas, por la independencia nacional y las transformaciones estructurales 1868-1898,* La Habana, 1996 y de Mildred de la Torre: *El autonomismo en Cuba 1878-1898,* La Habana, 1997.

[46] Para un estudio detenido de este fenómeno véase de María del Carmen Barcia Zequeira: *Élites y grupos de presión, Cuba 1868-1898,* La Habana, 1998.

incluido los hacendados criollos, quienes en su mayoría conservaban sus propiedades en estado precario.

El proceso de centralización y concentración del capital, fundamentalmente en la industria azucarera, trajo aparejado la ruina de un número considerable de hacendados afectados por la guerra, carentes de recursos e imposibilitados de capitalizar sus precarias unidades, a tono con la racionalidad económica que imponía el Central en tanto nuevo coloso productivo. Los desajustes monetarios, la inflación, y sobre todo la falta de una política crediticia racional; ponía a estos elementos a merced de especuladores, usureros y comerciantes refaccionistas. Muchos tuvieron que desmantelar sus frágiles ingenios, abrumados por los gravámenes y convertirse en colonos; otros, buscaron rehacer en lo posible sus pequeñas entidades, mientras sólo una minoría mantuvo posiciones privilegiadas en la economía colonial.

El control de las modernas instalaciones en la industria azucarera durante el último tercio del siglo XIX, radicó mayoritariamente en comerciantes y financieros peninsulares, algunos asentados en la Isla; otros, absentistas. En otro aspecto, aun cuando no se manifestara como un fenómeno uniforme desde el punto de vista sectorial, el impacto del capital extranjero, particularmente británico y norteamericano, se hizo sentir en importantes renglones exportables como el tabaco y la minería, y en las estratégicas redes infraestructurales, muy asociado en todos los casos a la formación de monopolios en un contexto mundial también en transición.[47]

En tanto, ni conservadores ni liberales en España parecían acceder a cambios sustanciales que consideraban desestabilizadores para el régimen de la Restauración. La obra de renovación, que suponía el reajuste liberal de la incipiente industria peninsular, mantenía el planteamiento de las tradicionales prácticas en las relaciones coloniales y, por consiguiente, la concepción de los enclaves coloniales como meros abastecedores de materias primas.

Frente a las tendencias políticas peninsulares en Cuba, con acentuado sabor colonialista, se habían expresado otras opciones a lo largo del siglo XIX, sustentadas por los diversos sectores y capas de la burguesía insular. Después del fracaso de la alternativa revolucionaria de 1868, los sustentadores del autonomismo, proyecto concebido y defendido por la burguesía plantacionista desde las primeras décadas de la centuria, emergieron en el paroxismo reformista; ilusionados por lo mucho que debía de haber significado la guerra para la proverbial inflexibilidad española, y por los adelantos que ofrecían las cláusulas del Zanjón. Muy pronto, sin embargo, disímiles y corruptos subterfugios electorales y una encarnizada censura a los principales voceros del liberalismo, recordaron

---

[47] La historiadora Fe Iglesias en su trabajo, "El desarrollo capitalista de Cuba...", ofrece una serie de indicadores económicos y sociales, claves en la comprensión de este proceso transicional y de los cambios que en el mismo operan.

a los sectores de la burguesía criolla su verdadera situación ante el poder colonial.[48]

La asfixia tenía múltiples cauces, custodiados celosamente por una extensa burocracia colonial, autoridades, agentes de negocios enriquecidos con la guerra, militares y los grupos de presión financieros. La política fiscal se mantenía a la orden del día entre los principales factores de succión de riquezas: presupuestos que contrastaban con la creciente deuda pública, la política impositiva y sus efectos más sensibles en la población cubana, los cuantiosos gastos dirigidos esencialmente a cubrir las necesidades de la burocracia y del ejército, y el consecuente déficit presupuestario.[49]

Esta orientación de la política fiscal pesaba más en la medida que los gastos de carácter general que figuraban en el presupuesto general del Estado se incluían en el presupuesto particular de la colonia, particularmente la deuda. A pesar de las esperanzas en los círculos autonomistas de convertir este asunto en motivo de transacción con la metrópoli, llegando a traducir la mal llamada "Deuda de Cuba" en obligación especial de una "Cuba autonómica", el "asimilismo" hispano cerraba las puertas a cualquier intento de negociación, tanto en el orden de las relaciones financieras y

---

[48] Sobre el problema electoral, véase de Mildred de la Torre: Ob. Cit., pp. 136-143.
[49] Según datos de la época, del total del presupuesto asignado a la Isla a inicios de la década de 1880, sólo el 3.02% estaba dirigido al fomento social de la colonia. Un estudio sobre los debates suscitados dentro del autonomismo ante la orientación fiscal española, puede verse en Mildred de la Torre, Ob. Cit., pp. 69-80.

económicas en general como en la problemática electoral.

En esta encrucijada de problemas, la política arancelaria se mantuvo entre los principales mecanismos de drenaje de la riqueza colonial, y uno de los puntos más sensibles en las agendas de debates de los productores insulares. Aun cuando Cuba no constituyera un enclave de primer orden dentro del conjunto de las exportaciones hispanas, existían nexos importantes que identificaban a ciertos productores y comerciantes españoles con el comercio colonial. Para cerealeros castellanos, textileros y otros industriales de Cataluña, la continuidad del proteccionismo era vital, debido al promedio significativo de ventas anuales de estos productos a la Isla. A los grupos expuestos se sumaban productores peninsulares, como los azucareros andaluces, malagueños y granadinos, quienes veían en el azúcar cubano un poderoso agente competitivo.[50]

---

[50] En los años de 1880, las estadísticas revelan una alta especialización en las exportaciones de azúcar y de tabaco, representando en su conjunto el 90% del total de exportaciones, dirigidas en elevadas proporciones hacia Estados Unidos. Por su parte, España, que sólo participaba en un 8% del total de exportaciones, su política arancelaria, en cambio, garantizaba puertos seguros para la introducción de sus productos, integrados en su mayoría por bienes de consumo y con una tendencia notable al incremento en los años previos al inicio de la Guerra del 95. Véase de Oscar Zanetti: "El comercio exterior de la república neocolonial", en Juan Pérez de la Riva y otros: *La república neocolonial. Anuario de Estudios Cubanos*, t. I, La Habana. 1975, pp. 54-55.

En un clima de constantes presiones y tensiones, los períodos de crisis general agudizaron la inestabilidad existente. Las quiebras de entidades financieras, la depreciación de los billetes y la explosiva reducción de los precios del azúcar, estaban entre sus grandes secuelas. En vano el ministro Cánovas buscaba, a inicios de 1880, paliativos a la desesperada situación y a la acción de los productores insulares. La aprobación de la denominada "Ley de Autorizaciones" en 1884, lejos de ofrecer solución a la situación de crisis, mantenía incólume las cuestiones sustanciales que afectaban a la colonia, y que dependían del tipo de explotación colonial.

Disposiciones financieras, como el empréstito de 1886, iban a recaer en la administración del Banco Hispano-Colonial, y el control de las fuentes tributarias de la colonia se consolidaba en manos del referido grupo financiero. A las ventajas de las operaciones se añadirían, posteriormente, las gestiones y manejos nada regulares del canje de los billetes de la emisión de guerra por monedas de plata, a cargo también de estos intereses.[51]

Empero, al margen de las diferenciaciones, intensificadas en el transcurso de los ochenta, la burguesía agroexportadora tenía ante sus ojos el destino incierto de una economía abierta, dependiente de las exportaciones de azúcar hacia el mercado norteamericano. Las posiciones

---

[51] La vinculación del canje monetario con la estrategia del partido conservador, dirigida a hacerse de una clientela entre los pequeños comerciantes y desarticular así el Movimiento Económico, es analizada por María del C. Barcia: *Élites y grupos de presión. Cuba 1868-1898*, pp. 110-116.

competitivas en este sector, afectadas seriamente por la producción de azúcar de remolacha europea, y extendidas, a finales de los años 80, a Nebraska y Kansas, enfrentaban el nocivo escollo de la situación arancelaria, regida por mecanismos que afectaban a los principales rubros exportables.[52]

El tabaco, segundo renglón económico de la Isla, no fue una excepción. A la elaboración de la hoja en países europeos como Alemania y Holanda, además del tradicional enclave norteamericano, se agregaban factores de orden técnico. El empleo lesivo del guano del Perú en los fertilizantes, un sistema de riego irracional, destinado a la búsqueda del color y la fortaleza de la hoja para el suministro del cotizado tabaco "ligero", estaban entre los principales problemas que encaraba su producción. No obstante, hacia finales de la década de 1880, se asistía a un intenso proceso de penetración del capital británico en la rama tabacalera que centralizaría hasta el final de la centuria los principales núcleos productivos.

En este período, la azúcar centrífuga y la hoja de tabaco se consolidaban en la órbita del mercado estadounidense en su función de materias primas. La

---

[52] Tanto el derecho diferencial de bandera, como la Ley de Relaciones Comerciales de 1882, respondían a los intereses de la burguesía metropolitana. Esta última, a pesar de otorgar franquicias a todos los géneros coloniales al ser introducidos en la Península, excluía de los beneficios al azúcar, el café, el tabaco, los aguardientes y el cacao. Estos productos, básicos en las exportaciones de la Isla, entrarían libre de derechos sólo al cabo de cinco años. Véase de Oscar Zanetti: Ob. Cit., p. 105.

burguesía agroexportadora se aferraba a su dependencia y buscaba en la vetusta solicitud de reformas, bien en coalición o por medio de sus respectivos partidos políticos y principales voceros, los paliativos que solucionaran, al menos coyunturalmente, la posición de los principales productos exportables cubanos en el mercado internacional, y especialmente en Estados Unidos.

Como en medio del océano y a merced de los vientos, los grupos y sectores de la burguesía insular transitaban acorde a las correlaciones de fuerzas internas y externas. La ansiada reciprocidad comercial y las reformas presupuestarias, sacadas a colación, una y otra vez, en la prensa, en la tribuna -principalmente autonomista- y en las Cortes, recorrían tortuosos caminos entre los agitados parlamentos españoles y norteamericanos; las tendencias proteccionistas en estos países se agitaban, y los grupos de presión sacaban a relucir todos los resortes a su alcance para evitar lesiones en sus intereses.

Este contexto de cambios y de fuertes presiones que afectaban a los distintos sectores de la sociedad colonial condicionaba la expresión del pensamiento liberal en Cuba en sus distintas tendencias. Por una parte, los liberales conservadores que partían del reconocimiento de la legitimidad de la monarquía peninsular y de la nacionalidad española de los habitantes de la Isla. Como "españoles" insulares, estas figuras reclamaban el goce de las mismas garantías constitucionales de los españoles peninsulares y exigían, como único procedimiento posible para llegar a instrumentar con eficacia esos vínculos, la descentralización administrativa. Eran los sueños de un estado de derecho en el cual estuvieran implementados los mecanismos constitucionales indispensables que obstaculizaran el ejercicio arbitrario e ilegítimo del poder. La constitución de una diputación insular no era más que la aspiración a la relativa autonomía del gobierno local en todas sus formas y grados frente al gobierno central.

Pero el "estado de derecho" en el campo de la doctrina liberal presentaba una determinación subsecuente: la constitucionalización de los derechos naturales. No bastaba con apelar a la doctrina mediante la cual todos los hombres tienen por naturaleza algunos derechos fundamentales, que no deben ser invadidos por el Estado, sino que estos habían de ser protegidos jurídicamente. En tal sentido, la crítica de estos individuos a la violación de la ley de imprenta, del derecho de reunión y asociación, y a los procedimientos electorales por parte de las autoridades españolas, evidenciaban los focos de conflictos aquí expuestos, los cuales echaban por tierra el proceso de liberación gradual; las conquistas sucesivas de espacios de libertad en los marcos de la colonia antillana.

A pesar de los ilimitados poderes del Estado español, y más concretamente de aquello grupos que detentaban el poder legítimo de ejercer la fuerza, la ideología liberal conservadora no trascendía, en sus procedimientos de oposición, las posiciones reformistas; no apostaba en ningún momento por la opción armada para la conquista de sus libertades. La violencia no estaba entre sus cartas de triunfo; sus representantes preferían caer una y otra vez en el lodo de sus demandas desoídas antes que incurrir en fórmulas que implicaran la movilización del conglomerado social.

La ideología autonomista, al igual que la anexionista, a finales del siglo XIX, sustentaba los principios del liberalismo conservador. En ambas no aparecían contempladas las posibilidades del autogobierno, y en el caso de la primera se manifestaban, desde sus inicios, las contradicciones intrínsecas al liberalismo cubano. Nadie mejor que Manuel Sanguily para caracterizar estas posiciones que él inscribe dentro del partido autonomista: "El partido liberal estaba colocado entre la revolución y el antiguo régimen, entre la resistencia extrema de éste y las extremas reivindicaciones de aquella (...) Como heredero de la revolución vencida materialmente, su fórmula no podía ser la independencia, pero tenía que ser a la postre la autonomía."[53]

Para la ideología autonomista los vértices Cuba y España debían permanecer como expresión de fidelidad a las raíces. La paz y el orden fortalecerían sus vínculos y le imprimirían fuerza y respeto a la nación. Cualquier otra alternativa tendiente a excluir los resortes del conjunto nacional, estaba atentando contra la más legítima noción de patria. De ahí el carácter anti anexionista del autonomismo como ideología: "Yo entiendo que los autonomistas cubanos hemos de oponernos a esa tendencia incontrastable valladar en nuestra voluntad -decía Giberga- como cubano, sí, porque para nosotros es mucho mayor el peligro de la anexión que para los peninsulares anexionistas que un tiempo lucharon por la soberanía

---

[53] Manuel Sanguily: "Un gran orador cubano (Rafael Montoro, sus discursos y su política)", en *Obras*, t. I, pp. LXXI-LXXII.

de España, y hoy renegando de ella, sueñan en entregar la Isla a gente extraña".[54]

La misma proyección sostenida por Francisco Calcagno, cuando en su *Catecismo Autonómico*, dirigido a la enseñanza de los jóvenes, apuntaba en unas de sus secciones de preguntas (P) y respuestas (R):

P- ¿Debemos conspirar por la anexión a los Estados Unidos?

R- Jamás: la anexión sería absorción, y nuestras tradiciones, idioma, costumbres, carácter, todo lo rechaza.[55]

Como representantes de una corriente que no encontraba salida posible en los marcos del Estado independiente, autonomistas y anexionistas partían de preocupantes e interrogantes comunes: ¿estaba, acaso, el pueblo cubano en condiciones de establecer y mantener un estado de orden, capaz de garantizar el desempeño económico y político independiente de la nación a instaurar? En ambos casos la respuesta sería negativa, sólo que las soluciones a la incapacidad diferían. La ideología anexionista optaba por cubrir el espacio de los atributos de la nacionalidad con aquellos que representaban y dignificaban a otras naciones; o sea, despersonificaban su existencia espiritual e histórica y se amparaban bajo el abrigo de otras leyes, de otras culturas, de otros valores que erosionaban el pasado, e iban a transformar, con el tiempo, la materia y el

---

[54] Ibídem., p. 94.

[55] Francisco Calcagno: *El Catecismo Autonómico o la autonomía al alcance de todos*, La Habana, 1887, p. 4.

espíritu, en la misma medida que originaban un producto distinto a la sustancia prístina.

El anexionismo comenzaba por negar a Saco y sus concepciones relacionadas con la pérdida de la nacionalidad mediante la anexión. El lado "sentimental", que Giberga consideraba válido en su definición de patria, pasaría a ser el blanco perfecto de las críticas anexionistas: "... la felicidad de los pueblos no se funda en la religión ni en el idioma" - refería Juan Arnao en su controversial trabajo *Cuba; su presente y porvenir*, publicado en 1887- y concluía: "De nada sirve a los españoles ni a los cubanos la hermosa lengua de Cervantes, para salvar las desgracias que sufren unos y otros (...) la verdadera felicidad de los pueblos consiste en hechos y beneficios tangibles."[56]

El autonomismo, por su parte, se afianzaba en la dependencia, pero sin perder las raíces. La fórmula, de acuerdo al proyecto de "su" nación, no apelaba a la mezcla que cambiara los atributos. Según afirmara en 1892 el autonomista matancero Heredia: "Nuestra labor es la labor nobilísima del progreso político (...) Y no se evoque el fantasma del anexionismo, porque el anexionismo ni es ni ha sido nunca enfermedad autonomista... [57]

En otras palabras, y empleando los símbolos del discurso autonomista, se trataba de poder vestir a la moda a la india taína, pero sin renunciar a ella: "Ya no volveremos a ver en los cuadros alegóricos a

---

[56] Juan Arnao: *Cuba; su presente y porvenir*, Nueva York, 1887, p. 26.
[57] Palabras de Nicolás Heredia pronunciadas en un mitin del Partido Liberal Autonomista, el 25 de marzo de 1892. Tomado de: Urbano Martínez: *Ob. cit.*, p. 125.

nuestra pobre Cuba en figura de india, con modesto plumaje en la cabeza, y reducido ropaje en su cintura" - exponía Fernández de Castro en carta a Justo de Lara, a raíz de la aprobación de las tímidas reformas Maura:

Es verdad que no podemos contemplarla todavía vestida de rico encaje, con la elegancia que prescribe a nuestras damas de buen tono la exigencia de la moda. Pero, al fin, tendremos el placer de mirarla con un trajecito, usando ya ropa interior, aunque de algodón, y luciendo unas hermosas polonesas mallorquinas.[58]

He aquí el gran dilema que implicaba la presencia de dueños de ingenios, y de abogados e intelectuales en general, representantes de esos intereses en las filas del liberalismo. La crisis económica de posguerra, caracterizada por el fuerte colapso financiero, y los cambios de política comercial en el ámbito mundial en perjuicio de los decisivos renglones del azúcar y el tabaco, reorientaban decididamente la dependencia de los productos cubanos hacía el mercado de Estados Unidos, necesitado de nuevas fuentes de suministro de materias primas, y cada vez más interesado en la vecina colonia, parte de una estrategia de dominación de mayor alcance.[59]

---

[58] Fernández de Castro, Rafael. "Carta a Justo de Lara", 18 de junio de 1893, en: Fernández de Castro, R.: *Para la historia de Cuba*, t. I, La Habana, 1899, p. 317.

[59] Para el estudio de la dinámica económica de posguerra, véase a: Oscar Zanetti Lecuona. *Los cautivos de la reciprocidad*, La Habana, 1989 y de Fe Iglesias: "El desarrollo capitalista de Cuba en los albores de la época

De ahí que si bien Fernández de Castro advirtiera en determinado momento que el autonomismo era la única forma de "salvar" a la india de "las sugestivas insinuaciones del Uncle Sam", para "vestirla" se hacía indispensable mantener los más estrechos vínculos con la casa del tío. Había que evitar, según el líder autonomista, la ruptura del "cordón umbilical" con Estados Unidos, pues: "... el día que no recibamos los millones yankees, en cambio de nuestros azúcares, dejaremos de existir para la vida culta".[60] Dejaría de existir "la patria" consumida en sus crisis, revuelta en sus deformaciones y víctima de su incapacidad para el progreso.

En el criterio de desarrollo y modernidad condicionado a las relaciones estrechas con Estados Unidos –sin que implicara necesariamente la anexión- se encontraba una de las áreas de confluencia más importantes entre las distintas tendencias del pensamiento liberal. Aun cuando autonomistas y anexionistas, contemplaran en su programa y en sus debates las reformas arancelarias, así como la firma de tratados con Estados Unidos sobre la base de la reciprocidad comercial, ello no significaba que quienes optaban por la línea radical no tuvieran en cuenta dichos aspectos. La diferencia radicaba en las prioridades dentro de las agendas de debates.

---

imperialista", en Instituto de Historia de Cuba: *Las Luchas...*, La Habana, 1996.
[60] Rafael Fernández de Castro: "Discurso pronunciado en el teatro Tacón en la Asamblea del Comité de Propaganda Económica", 15 de abril de 1892, en R. Fernández de Castro: Ob. cit., p. 261.

Acorde a las definiciones de patriotismo ofrecida por los líderes autonomistas, el deber de los cubanos para con su patria estaba en priorizar dentro de la legalidad las críticas a la deplorable situación, y las medidas tendientes a revertir ese estado de cosas. El hecho de que la ideología independentista enfrentara a "la tradición", vista por el autonomismo en las relaciones estrechas con la metrópoli, y que no se manifestara abiertamente en su propaganda a favor de solucionar en primera instancia los problemas económicos referidos, sino la organización para la lucha armada, implicó que fuera tildada de "antipatriótica", y en ocasiones de presentar una concepción estrecha de patria.[61]

Por su parte, los liberales radicales enfrentaban el poder colonial; a la monarquía española como principal baluarte en las restricciones de las libertades del individuo y de la colectividad colonial. Tales concepciones políticas divergentes arrastrarían al campo del enfrentamiento político en el último lustro del siglo XIX, por una parte, a los liberales conservadores, contrarios a la revolución y, por otra, a los radicales, quienes juntos a la facción democrático radical, impugnaban a los opositores a la lucha armada. Para los radicales la ruptura con España era un pivote esencial en el logro del resto de sus

---

[61] Según declaraciones de Juan G. Gómez en 1884, los independentistas eran aquellos que al "alejarse siempre con torpeza del goce de la ciudadanía española", sólo consideraban como patria, "al pedazo de tierra en que han nacido, y no tienen por tal al conjunto de leyes, instituciones, intereses e históricos recuerdos..." Véase de Juan G. Gómez: *La cuestión de Cuba en 1884...*, p. 75.

aspiraciones, las cuales no necesariamente estaban distanciadas de las que presentaban los liberales conservadores.

YOEL CORDOVÍ NÚÑEZ

PROBLEMÁTICA SOCIAL

Si bien no puede hablarse de homogeneidad, ni aún dentro de las selectas filas de lo que Rafael Montoro nombraba los "nuevos reformistas", no es menos cierto que en todos los casos la problemática social golpeaba con fuerza en las mentes, tanto de liberales conservadores como radicales, convirtiéndose ésta en otra de las áreas de convergencias del pensamiento liberal. Al auge creciente del bandolerismo y de otras acciones delictivas, expresiones en gran medida del profundo malestar e insatisfacción de amplios sectores de la sociedad posbélica, se sumaba el espinoso asunto abolicionista, que en balde trataba de presentar resuelto la Metrópoli con su Ley del Patronato.

Los intensos debates en el seno de la Junta Central de los liberales y en los distintos niveles de organización del partido, reflejaban el espectro de ideas con relación a un problema sensible, el más sensible para algunos, que debía ser solucionado, bien por medio de la abolición gradual y con indemnización - propuesta identificada con la Ley del Patronato y aceptada en su inicio por la inmensa mayoría de la directiva autonomista-, o bien mediante la abolición de ese patronato, no ajustado a los requerimientos que imponía en las sociedades modernas la libertad del trabajo.[62]

---

[62] Ver de Mildred de la Torre un cuadro amplio de los matices que presentaron las propuestas o estrategias abolicionistas

El viraje en las posiciones de la Junta Central a favor de la abolición del patronato profundizaba fisuras. Los elementos más intransigentes, liderados por Montoro y Rafael Fernández de Castro, mantenían sus argumentos acordes con la lógica evolucionista de sus concepciones. A juicio del primero, Cuba carecía de "capitalistas avezados" y de "trabajadores educados" para enfrentar el condicionamiento del tránsito de la fuerza de trabajo y, por tanto, la sociedad pos esclavista emergería indefensa ante lo que consideraba "la cuestión más importante y universal de nuestro siglo": las relaciones entre el capital y el trabajo.

Pues qué, señores, ¿no hemos de pensar acaso que las actuales dotaciones serán mañana falange de trabajadores y de recién llegados a la vida del derecho, falanges que vendrán al campo de todas las agitaciones de nuestro tiempo y de todas las necesarias luchas de nuestra civilización, movidas por una serie de reivindicaciones legítimas, y por otra, aún más terrible, de concupiscencias o de rencores? [63]

No dejaba de ser ésta una preocupación para quienes respaldaban las iniciativas de abolición inmediata. Tales eran los casos de Miguel Figueroa, José del Perojo, José Antonio Cortina y del presidente de la Sociedad Abolicionista Española, el también autonomista Rafael María de Labra. Este último, opositor declarado a la Internacional, considerándola

---

dentro del autonomismo, en *El autonomismo en Cuba 1878-1898*, La Habana, 1997.
[63] Rafael Montoro: "Discurso pronunciado en la Junta Magna del Partido Liberal", 1 de abril de 1882, en *Obras*, t. I, p. 35.

ajena al espíritu de su época, reconocía la importancia de desarrollar una política de clases que no se limitara al provecho "grosero" y "exclusivo" de las "altas clases", sino que velara "con generoso espíritu" por el bienestar de las "clases inferiores", destinadas a emanciparse inevitablemente, y "cuya ilustración y cuyo bienestar" habían de "refluir en beneficio de las clases superiores".[64]

Las preocupaciones de los líderes autonomista aumentaban en la medida que se aproximaba el año 87. La repercusión en el orden social de las doctrinas y luchas obreras, a la usanza de Europa y de Estados Unidos, podía acarrear graves conflictos en el endeble escenario colonial. Parecía comprenderlo así Fidel Pierra cuando llamaba a tener en cuenta lo que consideraba "la esclavitud de nuestra civilización": "el proletariado".

En su confusión doctrinal, Pierra discurría sobre la importancia de aplicar los postulados de la escuela socialista, basados en los principios de igualdad civil, política y económica, que en su conjunto conformaban, según el abogado, la igualdad social o socialismo. Luego de presentar a quienes consideraba sus más selectos exponentes -Carlos Marx, Federico Engels y Herbert Spencer- extraía lo que, a su juicio, eran sus enseñanzas principales: la educación y la propaganda pacífica y perseverante.[65] En un sentido

---

[64] Rafael M. de Labra: "El esfuerzo individual" (Discurso en la inauguración del curso académico de 1878-1879 del Ateneo Mercantil de Madrid, octubre de 1878), en *Discursos políticos, académicos y forenses de D. Rafael M. de Labra*, Madrid, 1884, p. 210.

[65] Fidel Pierra: "Discurso leído en la Sociedad Literaria Hispano-Americana de Nueva York", 21 de enero de 1888, en Fidel Pierra: *El Socialismo. El Sufragio universal. Dos*

similar se expresaba Rafael de Castro Palomino en una de sus obras, prologada por José Martí. En medio de un diálogo entre un abogado y un socialista, el primero, al referirse a Carlos Marx expresaba:

Sí que comprendió y enseñó que la regeneración social sólo podrá obtenerse por la promulgación de las ideas y la educación del pueblo, que comprendió que la esclavitud de este pueblo dependía en todas partes de su ignorancia. Nosotros los americanos, podremos diferir en muchos puntos importantes de su doctrina, pero comprendemos también esta verdad y preparamos la regeneración instruyendo a las masas.

La idea de la educación como factor regeneracional no era consustancial a una tendencia determinada, sino que, al margen de las ideologías, la delicada problemática social debía ser atendida y su alcance limitado. De ahí las constantes remisiones a Marx o a la filosofía utilitarista de John Stuart Mill, la cual ponía a la doctrina liberal sobre un fundamento diferente al del tradicional iusnaturalismo. Se trataba de que el buen legislador hiciera leyes que tuvieran por efecto la mayor felicidad del mayor número de ciudadanos. Como expresara un articulista del periódico *La Lucha*: "Stuart Mill, proclama la bondad de la acción colectiva de las huelgas al igual que el publicista británico Fawcett quien ha manifestado el fondo de justicia de las huelgas."[66]

Entre los intelectuales más importantes abanderados de esta línea educacional se encontraba Enrique José Varona. Según él había que empezar

---

discursos, Nueva York, 1888, pp. 6-8.
[66] "Un consejo", en *La Lucha*, La Habana, 1 de septiembre de 1888.

por eliminar las causas de la "disolución social" que ocasionaba la corrupción, en vez de buscar leyes especiales y tribunales que reprimieran a los bandidos: "... El bandolerismo no retrocede ante la fuerza, sino ante la civilización. Y en Cuba lo que avanza es la barbarie".[67]

La influencia de las concepciones regeneracionistas de Saco se dejaba sentir: "Es innegable -advertía el intelectual bayamés en los años 20- que la persecución será uno de los medios más eficaces para acabar con el juego", pero no era suficiente: "... es preciso ir haciendo una revolución en las costumbres, que aunque lenta no por eso dejara de ser cierta".[68]

La barbarie saldría a relucir constantemente en los trabajos de Varona, pero a diferencia de aquellos que acudían a la ciencia como subterfugio conceptual, de la que emanaban las doctrinas y los conceptos que legitimaban las diferencias raciales y postraban a las "razas inferiores" en su tradicional letargo de pobreza y embrutecimiento, el autor de las *Conferencias Filosóficas* hallaba en la ciencia y en las artes los pilares formativos de las sociedades en su evolución. La difusión de las mismas correspondía a los "espíritus ilustrados", destinados a ejecutar lo que consideraba su "doble encargo":

[...] llevar por todas partes y hasta lo más hondo de las masas populares toda la luz que sea compatible con su estado, demostrar a las clases elevadas, a los que fueron únicas depositarias de la cultura entre nosotros, que en los destinos futuros de Cuba les está

---

[67] Enrique J. Varona: "El bandolerismo, reacción necesaria", en *Revista Cubana*, La Habana, 30 de junio de 1888.
[68] José A. Saco: *Memorias sobre la vagancia en la isla de Cuba*, Santiago de Cuba, 1974, p.19.

reservado un nuevo papel (...) el de convertirse de raza superior en clase educadora".[69]

Sin embargo, el compromiso social, pieza clave en el engranaje conceptual del proyecto revolucionario de José Martí, era para muchos representantes del liberalismo radical la fórmula indispensable para lograr una amplia base social en la lucha independentista; un compromiso circunstancial que no debía violar la tradicional escala de valores sociales en un escenario de posguerra.

De acuerdo con estas concepciones, el pueblo en el contexto poscolonial era asumido como el partidario de las tradiciones nacionales que lo distinguía del extranjero, mientras que el ejercicio de la democracia era una amenaza para los intereses de la nación, en tanto socavaba la seguridad y cohesión, y promovía la dispersión, el pluralismo y la fragmentación. Según esos criterios, las sociedades deformadas orgánicamente, compuestas por elementos incivilizados; receptores mentales de tradiciones monárquicas y bélicas, no podían ofrecer espacios políticos al "conglomerado cosmopolita". Había que evitar la impronta de lo que Varona definiera en términos de relación "sufragio-demagogia".

El planteamiento rebasaba la cuestión racial, aun cuando el conglomerado popular, protagonista del cambio, fuera asociado al sector más discriminado y también al más temido. La integración del

---

[69] Enrique J. Varona: "Disertación sobre el espíritu de la literatura en nuestra época, en relación con el que debe animar a la cubana, después de la gran transformación social iniciada". Ateneo de Matanzas, Imp. "Aurora del Yumurí", 1880, p.19.

componente obrero tanto en la Isla como en el exterior a la revolución, junto a otros sectores mayoritariamente populares, a lo que se añadía el pensamiento y la práctica radical de los principales líderes militares, preocupaban tanto a conservadores como a parte de los radicales. Más allá del color de la piel se asomaba como realidad inequívoca, la ascendencia del elemento militar y su papel dentro de las transformaciones. La suerte entonces podía quedar echada.

Con la entrada de las tropas de Maceo en Mantua, y el consecuente triunfo de la estrategia invasora, el temor a la dictadura y al caudillismo, fenómenos muy en boga en las repúblicas latinoamericanas, irradió el campo revolucionario. Razones existían. La ascendencia, casi idílica, del líder militar en las distintas comarcas, suscitaba resquemores en parte de la dirigencia revolucionaria.

Las constantes intervenciones de los miembros del Consejo de Gobierno, aparato político de la Revolución establecido en Jimaguayú, en los asuntos militares, amparándose en lo que Gómez denominara la "mala coletilla" de "altos fines políticos", y las proverbiales discrepancias con el liderazgo del Ejército Libertador y especialmente con su General en Jefe, fueron algunas de las manifestaciones de este conflicto. El interés del Consejo por promover oficiales sin ninguna experiencia militar, pero que en cambio, eran médicos, abogados, dentistas y otras profesiones, ajenas al oficio de las armas[70], se inscribía también entre las maniobras políticas,

---

[70] Véase Francisco P. Guzmán, "La Revolución del 95. Desde la conclusión de la Campaña de Invasión hasta el fin de la dominación española", en *La Lucha...*, p. 503.

dirigidas a amainar el poder del jefe.

La interrogante quedaba planteada en términos similares a los que el autonomista Manuel Gruell exponía en su *Réplica al folleto de Enrique José Varona, Cuba contra España*: "¿aceptaría el señor Varona una república cubana presidida por Maceo, por Matagás, por Máximo Gómez, o por el negro Domingo?"[71]

En la emigración las tensiones fueron más nítidas en el transcurso de 1898; o sea, en la medida que la intervención de Estados Unidos en la guerra se aproximaba y con ella el definitivo cese de las hostilidades. Ciertamente, la premura de ciertos componentes del liderazgo en el exterior por hacer valer sus posiciones reflejaba más de un motivo de preocupaciones. La lejanía con el escenario bélico era torturante. El mar, como extenso proscenio capaz de ilegitimar su accionar político fuera de la Isla, irrogaba una especie de complejo de emigrado que matizaba las relaciones con el resto de los poderes en Cuba.

Las comunidades de emigrados en Estados Unidos fueron el escenario en que muchos de estos debates se mostraron con mayor claridad. La heterogeneidad de esos centros, la formación de sus componentes, las características del país en que se hallaban y el distanciamiento con el teatro principal de operaciones, posibilitaba las expresiones abiertas de las más disímiles tendencias políticas. Una de las manifestaciones que mostraba con más fuerza la flexi-

---

[71] Manuel Gruell: *Replica al folleto de Enrique José Varona, Cuba contra España*, La Habana, 1896, p. 42.

bilidad en las fronteras entre liberales conservadores y liberales radicales fue la creación de clubes y sociedades no adscritas al Partido Revolucionario Cubano, aun cuando se declararan partidarias de la guerra. Con la creación de los clubes "Federico de la Torre" y "Médicos de Tampa", integrados ambos por profesores de medicina, se inició una tendencia al surgimiento de este tipo de organizaciones de intelectuales.[72]

Como parte de este fenómeno a inicios del segundo año de la guerra un grupo de intelectuales, compuestos por periodistas, médicos, abogados y hacendados, proyectaron la formación de la Sociedad de Estudios Jurídicos y Económicos, encargada de redactar las leyes de la futura república. La organización, encabezada por Enrique José Varona, constaba de tres secciones: la jurídica, presidida por Francisco Figueras; la económica, dirigida por Fidel G. Pierra y la política, a cargo de Manuel Sanguily. Para mayor complejidad en su composición, fueron electos entre los socios corresponsales, José Ignacio Rodríguez; en Washington, Esteban Borrero Echevarría, en Tampa y Juan Guiteras, en Filadelfia. El Delegado Tomás Estrada Palma fue designado presidente Honorario.

Como puede verse un grupo de intelectuales de los más disímiles credos políticos decidieron reunirse para acordar las normas que debían regir a la futura república. Las preocupaciones que mostraban en materia económica, política y social eran comunes, y antes de que los representantes populares del

---

[72] Yoel Cordoví: *La emigración cubana en Estados Unidos: estructuras directivas y corrientes de pensamiento. 1895-1898*, Editorial Oriente, Santiago de Cuba, 2012.

Ejército Libertador impusieran su ascendencia en un escenario posbélico, ellos optaban por delinear la política nacional desde la propia guerra. La respuesta de Varona en el periódico *Patria* a las declaraciones del periodista Rafael Serra, quien enfrentara desde *La Doctrina de Martí* "las deficiencias democráticas" de la Sociedad, dejaba entrever las inquietudes de esos sectores: "Es muy elástica la palabra democracia –decía Varona- lo que si nos pesaría es que en nuestras apreciaciones de los actos políticos que realizamos entrara, de un modo u otro, el espíritu de jacobinismo, es decir el espíritu de intolerancia; porque no hay mayor enemigo de la libertad".[73]

Pero fue quizá Eduardo Yero Buduén quien se acercó más a la hora de develar los verdaderos objetivos de la Sociedad. Al interceder en la polémica Varona-Serra, el patriota emigrado expuso:

[...] se pugna por tomar desde temprano posiciones para desvirtuar o contener los lógicos efectos de la Revolución en su futuro desenvolvimiento en la República, porque se trata de hombres que no comprenden –si no es que lo comprenden demasiado- que la verdadera revolución empezará cuando concluya la guerra, la cual no es más que un instrumento y una de las fases de aquélla; de hombres en el fondo antirrevolucionarios, que acarician la idea

---

[73] Tomado de Pedro Deschamps Chapeaux: *Rafael Serra y Montalvo, obrero incansable de nuestra independencia*, La Habana, 1975, p. 124.

de infiltrar en las leyes, en las instituciones, en las costumbres, su espíritu de conservadores. [74]

Llegaba el momento de ofrecer respuestas a preguntas como la de Gruell a Varona: ¿aceptaría la intelectualidad revolucionaria el riesgo de la impronta popular y de su liderazgo, expresión elocuente de la "barbarie?"; ¿dejaría el destino del país a elementos ajenos a las exigencias que imponía la modernidad a finales de siglo? o ¿se sumirían acaso las denominadas "clases cultas" en el lodo del silencio, dejando hacer a factores aún por regenerar? No podía legarse al tiempo las decisiones a tomar. La intervención de Estados Unidos ponía sobre el tapete cuestiones de primer orden capaces de atentar contra la independencia por la que habían luchado unos y otros.

Las disposiciones del Consejo de Gobierno de convocar a la elección de los constituyentes cubanos por cada Cuerpo de Ejército fue un paso importante que no tardaría en hacer llagas mentales. A pesar del extremo control con que se manejó este proceso y del empleo de comisionados con instrucciones precisas sobre el modo de operar favorables a los intereses del aparato político, desde el exterior figuras como Fidel Pierra arremetieron contra la resolución del Consejo, calificándola de *monstruoso atentado:* "¿Qué representación ha de tener para nosotros una Asamblea elegida según lo dispongan y manden los jefes militares?".[75]

---

[74] Eduardo Yero Buduén: "Vientos de fronda", en *La Doctrina de Martí*, Nueva York, 15 de enero de 1897.

[75] Fidel Pierra: "Una credencial y un manifiesto", Nueva York, 19 de septiembre de 1898, en Archivo Nacional de Cuba (ANC): *Fondo Partido Revolucionario Cubano en Nueva*

En Nueva York, Varona, al expresar sus puntos de vista respecto a las disposiciones del Consejo, retomaba el sentido del cuestionamiento de Pierra y enfatizaba en que la solución de las dificultades que habían sobrevenido con la intervención debía "buscarse e intentarse por el Consejo de Gobierno" y no dejarla "a la iniciativa de los Delegados del Ejército". De no ser así, aclaraba, podía "sembrar mayor descontento y desconfianza del porvenir de un pueblo que necesita mucha prudencia y mucha fortaleza para salir airoso de la difícil prueba a que lo han sometido las circunstancias..."[76]

Aun cuando el énfasis en la idea de identidad nacional, consustancial a la integración multirracial y multiclasista en el proceso revolucionario cubano, había llevado a establecer un discurso que incluía al negro y lo hacía partícipe de la lucha por la unidad nacional, el problema racial continuaba gravitando en el contexto posbélico. Para el escritor Enrique Barbarrosa, por ejemplo, los dos grandes peligros que colocaban al cubano en "el cráter de un volcán eran: en el exterior, "la política anexionista de los Estados Unidos que a todo trance quiere posesionarse de esta isla", y en el interior, "las ambiciones cada vez más creciente de la raza de color".[77]

York (PRC), Caja 68-D.

[76] Enrique J. Varona: "A nuestros electores", Nueva York, 29 de octubre de 1898, en *De la colonia a la República*, La Habana, 1919, p. 204.

[77] Enrique Barbarrosa: "Graves peligros para Cuba", en *El proceso de la república, análisis de la situación política y económica de Cuba bajo el gobierno presidencial de Tomás*

CUESTIÓN RACIAL:
LÍNEAS REGENERACIONISTAS

En el modo de asumir la cuestión racial a finales del siglo XIX se definían dos tendencias regeneracionistas que desde sus respectivos puntos de vista buscaban solucionar el polémico asunto. Una de las líneas de regeneración era la que consideraba al negro apto para superar el atraso y la ignorancia en que estaba sumido y apelaba para ello a la educación como principal instrumento.

De ahí la importancia de la cultura social en las obras de Varona, y su insistencia de que ésta fuera dirigida al "avance de los rezagados". Había que evitar el "contagio moral" que ocasionaba la coexistencia de distintos niveles de evolución en una sociedad: "El ñáñigo negro da origen al ñáñigo blanco, levantar al uno es evitar la caída del otro".[78] Así mismo, un pueblo acostumbrado a ver la sangre vertida en espectáculos nocivos y violentos, como el de las corridas de toros, era luego capaz de derramarla fácilmente.[79]

Estrada Palma y José Miguel Gómez, con datos e informaciones estadísticas, Imprenta Militar de A. Pérez Sierra, La Habana, 1911, pp. 22-23.

[78] Enrique J. Varona: "Carta a Juan G. Gómez", La Habana, 1 de febrero de 1894, en *La Igualdad*, La Habana, 3 de febrero de 1894.

[79] Enrique J. Varona: "Una afición epidémica. Los Toros", 28 de febrero de 1887, en *Enrique José Varona. Artículos y*

El hombre para Varona tenía posibilidades de contribuir al progreso de las sociedades en la medida que adquiriera las condiciones elementales que lo alejaran de la incivilización o barbarie. Del mismo modo que el proceso podía traer peores consecuencias si el acercamiento se producía a la inversa. Según el intelectual cubano, el roce de la "raza negra" con las personas incultas de la blanca comprendía "un cambio constante de groseras supersticiones en todos los órdenes de las ideas sociales y particularmente en lo religioso".[80]

La misma línea sostenida por el diputado Rafael María de Labra, uno de los fundadores y defensores de la Institución Libre de Enseñanza. Opuesto a las prácticas de linchamientos ejecutadas por la sociedad secreta norteamericana Ku Klux Klan, recurría a la educación popular, a tono con las iniciativas que desplegaba la sociedad española Fomento de las Artes, siempre bajo la dirección y asesoramiento de las "clases altas" o "clases directoras de la sociedad". Sus confesiones no dejaban margen a dudas: "Sobre este punto he pensado siempre, no como un radical. Quizá peco de conservador.[81]

Las ideas de Varona referidas al "contagio racial" o "atavismo", eran compartidas por el doctor Luis

---

discursos (literatura-política-sociología), La Habana, 1891, pp. 102-103.

[80] Véase al respecto la sesión pública de la SAIC, 1 de junio de 1879, en Rivero de la Calle: Ob. Cit., pp. 90-91.

[81] Rafael M. de Labra: "Carta a Manuel Ruiz de Quevedo, Gabriel Millet y Agustín Sardó", 8 de enero de 1894, en La Igualdad, La Habana, 27 de junio de 1894.

Montané, quien desde su puesto en la Sociedad Antropológica de la Isla de Cuba, aludía a la teoría de la "supervivencia" de Tylor, consistente en las prácticas sugeridas por creencias y opiniones que sobrevivían mucho después de la causa de su origen, y la aplicaba al caso cubano.[82]

El atraso y los grandes trastornos que presentaba la enseñanza a todos los niveles y su impacto en el aumento creciente de las conductas delictivas en menores entre 9 y 15 años de edad recluidos en las cárceles, sensibilizaron a un grupo de pedagogos, científicos e intelectuales en general, quienes veían en la falta de educación la causa principal de este fenómeno, sin inquirir en la necesidad de cambios radicales en el *status* colonial, al menos en la década posterior a la guerra.

En esta cruzada por la reforma de los estudios primarios, superiores, y sobre todo de la segunda enseñanza, emergieron jóvenes profesores entre los que comenzaba a despuntar Evelio Rodríguez Lendián. Mientras Varona reaccionaba contra las incongruencias con que se enseñaba la metafísica krausista en la Universidad de La Habana,[83] se gestaba en Matanzas lo que sería el Primer Congreso Pedagógico, estimulado por Carlos Dumas, director

---

[82] El profesor ejemplificaba con el ídolo Matiábulo con los ojos de color rojo, adorado en la manigua tanto por negros como por blancos y reconocido generalmente por sus poderes sobrenaturales. Mencionaba también a San Hilarión, representado por un trozo de madera cubierto por un "paño grosero" y a San Ramón, cuyo busto de yeso presidía los partos.

[83] Roberto Agramonte: *El pensamiento filosófico de Varona*, La Habana, 1935 y de Nicolás Abbagnano: *Diccionario de filosofía*, México, 1963.

de la Escuela Superior Municipal de la provincia, reunión en la que participaron alrededor de ochenta destacados profesores.

El Congreso se declaraba a favor de una enseñanza basada en métodos objetivos que superaran la tradicional instrucción memorística, al tiempo que incentivara el conocimiento de las ciencias naturales, el canto y la práctica de la gimnasia. Insistía, asimismo, en la fundación de Escuelas Normales sobre preceptos modernos, con nuevos libros de textos que contribuyeran a ejercitar las iniciativas del alumnado.[84]

Con la desaparición del patronato en 1886, el interés por la instrucción se apoderó de núcleos importantes de la intelectualidad de color en toda la Isla. Entre 1895 y 1890, vieron la luz un número significativo de órganos de prensa, difusores de las aspiraciones de estos elementos.[85] Las asociaciones, fundadas en la Isla por negros y mulatos,[86] reflejaban igualmente el

---

[84] Véase María del Carmen Barcia: "El reagrupamiento social y político. Sus proyecciones (1878-1895), en Instituto de Historia de Cuba: *Historia de Cuba. Las Luchas*. La Habana, pp. 310-311.

[85] En este período apareció el *ABC*; de Cienfuegos (1889), *El Africano*; de La Habana (1885), *La Antorcha*; de Trinidad (1887); *La Aurora*; de Sancti Spíritus (1887), *El Criterio*, órgano del Centro Estudiantil de Santiago de Cuba (1890), por citar algunos. Para una información más exhaustiva, véase de Pedro Deschamps Chapeaux: *El negro en el periodismo cubano en el siglo XIX*, La Habana, 1963.

[86] Entre los emigrados también se aprecia esa tendencia. En Cayo Hueso, por ejemplo, donde alrededor del 21% de los cubanos eran negros y mulatos, surgió durante los ochenta la *Sociedad El Progreso*, dirigida por prominentes negros, entre los que aparecía Guillermo Sorondo, fundador también

espíritu de ilustración. A pesar del carácter racista que presentaban algunas de estas sociedades y del espíritu integrista que anidaba en determinados exponentes de sus directivas, el surgimiento del Directorio Central de las Sociedades de la Raza de Color en 1887 significó un paso importante a favor de quienes pregonaban la igualdad de oportunidades en la educación.

Con la llegada de Juan Gualberto a la Isla, tres años después de su fundación, y con el reinicio de sus labores como director de *La Fraternidad*, las proyecciones y gestiones educacionales, antidiscriminatorias e igualitarias del Directorio, comenzaron a adquirir matices más definidos.

Durante su estancia en Madrid, el abogado matancero había expuesto con claridad sus ideas al respecto; se imponía el fomento de la ilustración, por medio de sociedades instructivas, con escuelas diurnas para niñas y clases nocturnas para los trabajadores. Estos centros escolares en los que se formaría y crecería la población "de color", con mucho más valor que "la multitud de Casinitos, exclusivamente dedicados al baile y al juego", estarían predestinados a una obra trascendental, pues "en la vida social contemporánea -decía Gómez- el que más sabe es el más fuerte".[87]

---

del *Colegio Unificación*, así como Morúa Delgado, Carlos Borrego, Francisco Camellón, Emilio Planas, entre otros. Para más información véase Gerard Poyo: *With All and for the Good of All. The emergence of Popular Nationalism in the Cuban Communities of the United States*, EE.UU, 1989.

[87] Juan G. Gómez: *Un documento importante*, La Habana, 1885, p. 28.

Los métodos a emplear en la instrucción de la población no distaban mucho de los referidos por Varona y Labra, en cuanto al papel que le asignaba a los "elementos blancos" en "la obra de regeneración de la raza negra". Se trataba de educar al negro "en la propia escuela que al blanco", elevando su "nivel social", al tiempo que se exhortaba al resto de las denominadas fuerzas sociales a que los ayudaran como a los demás "elementos patrios".[88]

Esta línea educacional tuvo que enfrentar muchas de las teorías discriminatorias en boga en aquel momento, que partían de la incapacidad biológica de la raza de color. Entre los opositores más importantes a esta corriente se encontraba Rafael de Castro Palomino. Según él, no debían establecerse linderos raciales infranqueables a la inteligencia, pues esta no constituía un simple atributo, sino un compuesto entre dos factores: entendimiento y conocimiento. De acuerdo con las demostraciones del sociólogo positivista, F. Ward, retomadas por el polemista, existía una relación directa entre el conocimiento comparado y el entendimiento o intelecto, lo cual conducía a negar muchas de las atribuciones al monopolio exclusivo del cerebro, cuando eran resultante exclusiva de la educación:

El progreso de una agrupación o raza depende, pues de la inteligencia, que es el conocimiento unido al entendimiento: y bastará que este entendimiento tenga un desarrollo medio en una comunidad para

---

[88] Juan G. Gómez: "Programa del diario *La Fraternidad. Nuestros propósitos*", La Habana, 29 de agosto de 1890, en Emilio Roig de Leuchsenring (comp.): *Por Cuba Libre. Juan Gualberto*, La Habana, 1974, p. 264.

que por la educación se llegue a altos grados de inteligencia.[89]

Años más tardes, el abogado habanero Manuel Sanguily expresaba sus concepciones con respecto al problema racial, partiendo de presupuestos similares a los de Castro Palomino. Como apuntara en uno de sus artículos, las distinciones raciales no eran un problema atribuible a la "antropología", sino a la "sociología". El índice cefálico del negro, fuera menor o no que el de los "separatistas" y los "autonomistas"; tuviera su cerebro menor peso y hasta menos circunvoluciones que el de los dos últimos, "colocado en condiciones muy estrechas y difíciles" había sabido llegar hasta el final, mientras que el separatista "tuvo que abandonar el palenque", y el autonomista yacía en su "eterna y estéril" plegaria a España.[90]

No negaba el fundador y redactor de *Hojas Literarias* las capacidades del hombre "de color", tampoco los excluía del proceso revolucionario que creía inevitable y necesario. Sin embargo, sus argumentos raciales no iban más allá de disquisiciones que fluctuaban en fronteras imprecisas entre el discurso conservador y el radical. En la base de sus interpretaciones siempre estaría presente cierto determinismo racial que propiciaba la generación de rasgos característicos de las "razas inferiores":

El español es de suyo producto de muchas mezclas, y, respecto a una gran proporción de su tierra, es el producto de razas inferiores -de semitas, de

---

[89] Rafael de Castro Palomino: "La evolución y la revolución", no. VI, 5 de septiembre de 1888, en Ídem., pp.38-39.
[90] Manuel Sanguily: "Negros y blancos", en *La Igualdad*, La Habana, 31 de enero de 1894.

berberiscos y de negros. De ahí su despreocupación, su facilidad de aclimatación y así mismo su actual inferioridad política e intelectual.[91]

Desde la perspectiva antropológica, la relación cerebro-raza-inteligencia era también refutada entre los científicos cubanos. Para el médico y literato Eduardo Varela Zequeira, no era posible llegar a conocer un órgano tan complejo como el cerebro por el mero peso de la masa encefálica, y advertía la necesidad de estudios más completos y variados. Incluso, Montalvo, intelectual de marcadas concepciones racistas, entendía, o al menos exponía, que la cubicación craneana no era un indicador suficiente para demostrar la relación entre el cerebro y la inteligencia en las razas.

La influencia de Juan Gualberto Gómez también se hizo sentir en el núcleo de intelectuales "de color" agrupado en torno al periódico *La Igualdad*, dirigido por Polonio Contreras Pérez.[92] Durante su existencia, este grupo fue defensor vehemente de la educación de los negros y de los principios de igualdad, tal como

---

[91] Ídem.

[92] En ocasiones la historiografía presenta a Juan Gualberto como director de *La Fraternidad* y posteriormente de *La Igualdad*. Si bien la influencia de éste dentro del Consejo de Redacción del último de los diarios era significativa y se inscribía junto a Pedro Tiburcio Gómez, Rafael Serra, Nicolás Valverde, Facundo Carrillo, entre otros, entre sus colaboradores, lo cierto es que en ningún momento figuró en la directiva del diario, a cargo de Polonio Contreras como administrador y Enrique Cos en función de Jefe de Redacción. Véase los ejemplares del periódico *La Igualdad* y de Pedro Deschamps Chapeaux: *El negro en el periodismo cubano en el siglo XIX*, pp. 75-80.

había quedado dispuesto por el Gobierno General en su ratificación de los derechos concedidos en 1885.[93]

Hasta mediados de 1894, este diario, de contenido eminentemente social, abogó por el concurso armónico de negros y blancos sin ningún tipo de discriminación, siempre dentro del orden establecido y depurado de cambios radicales que afectaran el curso normal de las conquistas raciales: "... nosotros apelamos tan sólo, para el logro de nuestras aspiraciones -declaraba uno de sus editoriales- al procedimiento pacífico, a las medidas legales, al método evolutivo".[94]

La misma posición sostenida por el también líder negro Martín Morúa Delgado hacia 1892. Para el autor de *La Familia Unzúazu* eran falsas y denigrantes las teorías que sustentaban la inferioridad en volumen y calidad del cerebro del africano con respecto al del europeo. Al igual que el resto de los representantes de esta tendencia, consideraba que la clave de la diferenciación residía no en factores antropológicos, sino sociales, y hacia esa dirección enfilaba su mensaje: "Es preciso convencernos de que debemos hacer algo por nuestra regeneración, que la ilustración no puede llegar hasta nosotros sino salimos a su alcance."[95]

---

[93] El 19 de diciembre de 1893, la *Gaceta de La Habana* publicó la ratificación del derecho de la población "de color" a la asistencia a las escuelas sostenidas por el Estado y la circulación libre en los lugares públicos.

[94] "Aplausos y reparos", en *La Igualdad*, La Habana, 11 de enero de 1894.

[95] Martín Morúa Delgado: "La instrucción no es "el maná", en *Martín Morúa Delgado. Obras Completas*, t. III, La Habana, 1957, p. 187.

Sin embargo, a diferencia de la línea de acción de Gómez y del Directorio, Morúa Delgado enfrentaba a las corporaciones o sociedades selectivas de la población de color, considerándolas inútiles y elementos que, lejos de acercar, diferenciaban y aislaban mucho más a las razas. El problema racial, desde la perspectiva de Morúa, sólo podía quedar a salvo dentro de la órbita de lo nacional, y las respuestas a esta instancia estaban cifradas en los partidos políticos, especialmente en el autonomista. Su inclusión acrecentaría sus filas, aumentaría su prestigio y lo haría "doblemente respetable ante el poder supremo de la nación".[96]

Las contradicciones en la retórica del director de *La Nueva Era* se tornaban evidentes. Por una parte, abogaba por el acercamiento de las razas en una conjunción armónica que permitiera al negro hacer valer sus actitudes mediante la instrucción. Sin embargo, dejaba sembrada la semilla de la discordia, cuando en su polémico artículo "Factores sociales", enfatizaba en la importancia de distinguir entre la raza negra y la mestiza, como conglomerados socioculturales y antropológicos distintos.

Para Morúa, hijo de madre de nación Gangá con padre europeo, la raza negra comprendía exclusivamente a los naturales africanos y a su descendencia "pura", mientras el mestizo era una raza intermedia o "amarilla". La confusión en la nomenclatura, advertía el intelectual, procedía del régimen esclavista, en tanto subterfugio del dueño de esclavo para ocultar el fruto bastardo. El problema

---

[96] Martín Morúa Delgado: "Factores sociales", en Ídem., p. 234.

racial no encerraba sólo conceptos, sino realidades acechadas a cada paso por eminentes peligros. La igualdad por la que se abogaba no podía desconocer el abismo cultural que separaba a la población de color "de buen gusto y elegancia", la que cultivaba la tierra preocupada por la incorporación de los adelantos técnicos, con respecto a la masa de libertos del 86, atrasada en décadas, y cuyo estado posemancipatorio no había superado las rémoras mentales de su antigua condición de esclavo.

A tono estaban las percepciones de Morúa con determinadas corrientes de regeneración negra en Estados Unidos, cuyo impacto se hizo sentir en el resto del continente. Durante la década de 1880 circuló por algunos de estos países el libro del pastor negro norteamericano Williams, titulado *Historia de la raza negra en América* (1883). Las tesis de este autor partían de la incapacidad del negro para gobernarse y de la consiguiente torpeza de "mandarlos al Congreso" luego de su emancipación, en vez de incorporarlos a las escuelas. Era necesario una especie de "tutela blanca" que revertiera la incivilización del negro y fortaleciera su educación y espíritu de industria.

En el caso de Morúa se trataba de un motivo más de diferenciación; otro eslabón a superar en la cadena regeneracionista por la *intelligentsia* de color y blanca al amparo del Partido Autonomista.

Se ajustaban las concepciones del líder negro con los esfuerzos de algunas sociedades de color por eliminar las secuelas de la esclavitud, adoptando posiciones de rechazo a la tradición cultural. La renuncia a las raíces africanas, germen de la barbarie y la esclavitud, se manifestaba en el empleo de instrumentos musicales como el piano y la flauta en vez de los tambores, o en los bailes de valses, mazurcas y polonesas, a la usanza del refinado gusto "blanco". De hecho, en la prensa llegaron a exponerse ideas de este corte; dirigidas a alertar y a concientizar sobre la necesidad de olvidar cualquier vestigio ancestral, y ponerse a tono con la avanzada cultural y educacional en la Isla.[97]

La otra tendencia regeneracionista tenía un carácter eminentemente excluyente, y estaba muy asociada a las labores de la Sociedad Antropológica de la Isla de Cuba, fundada en 1877. De 24 miembros con los que contaba en sus inicios, la lista fue extendiéndose en los meses siguientes a su creación, agrupando en su seno a intelectuales de primera fila, muchos de ellos asociados y dirigentes del Partido Liberal Autonomista.[98]

Desde su fundación, Luis Montané y Dardé, heredero del espíritu de la Sociedad Antropológica de París y de las enseñanzas de los renombrados antropólogos Pedro Brocá y Teodoro Hamy, expresó cuáles debían ser sus objetivos de análisis

---

[97] Véase Aline Helg: Ob.cit., p. 38.

[98] En un principio la Sociedad estuvo compuesta por una Junta Directiva integrada por Joaquín Jovellar y Juan Santos Fernández, como Presidentes y Vicepresidentes respectivamente. La institución llegó a agrupar a figuras como Enrique J. Varona, Arístides Mestre, Antonio Govín, José A. Cortina, Luis Montané, José Varela Zequeira, Antonio Zambrana, Felipe Poey, entre otros. Para más información véase a Armando García González y Consuelo Naranjo Orovio: "Antropología, "raza" y población en Cuba en el último cuarto del siglo XIX". Separatas al tomo LV-1 (enero-junio, del *Anuario de Estudios Americanos*, Sevilla, 1998.

principales: "Dos razas con las cuales vivís íntimamente, deberán en primer lugar, ser objeto de vuestras perseverantes investigaciones: la raza negra africana y sus descendientes criollos (...) y la llamada raza mongólica..."[99]

La línea expuesta abogaba por la "absorción" o "exclusión" de las "razas inferiores", concebidas desde una perspectiva antropológica por la pigmentación de la piel. La corrupción y los altos índices de criminalidad, según esta tendencia, extendida en América Latina, con ideólogos importantes como el brasileño Raimundo Nina Rodríguez (1862-1906), pasaba necesariamente por el punto de vista etnológico, y sus causas estaban relacionadas con la "impulsividad"; movimiento innato en este tipo de razas.[100]

---

[99] Antonio Mestre: "Discurso leído en la sesión del 19 de mayo de 1894", tomado de Manuel Rivero de la Calle: *Actas: Sociedad Antropológica de la Isla de Cuba.* (SAIC), La Habana, 1966, p. X.

[100] Véase el discurso leído en la sesión solemne de la Sociedad Antropológica de la Isla de Cuba por su secretario general Arístides Mestre, "La política moderna y la ciencia antropológica", 7 de octubre de 1887. Habana. 1887, p.17. Con respecto a Nina Rodríguez, desarrolló la tesis de las relaciones entre las tendencias criminales de los negros y las características de sus cráneos. Su acercamiento a la medicina criminal, impactó en gran medida en una generación posterior de antropólogos y sociólogos brasileños, como Afranio Peixoto y Arthur Ramos. Presidió el departamento de Medicina Legal de la Facultad Médica de Bahía desde 1891 hasta 1905. Para más información véase de Thomas E. Skidmore, "Racial ideas and social policy in Brasil, 1870-1940", en Graham, Richard, (edit.): *The Idea of race in Latin America, 1870-1940.* Austin University of Texas Press. 1990.

La extensión de la patología en condiciones climáticas adversas a la "evolución supra orgánica", según definición spenceriana del desarrollo social, no podía tener otra prescripción que la del cruzamiento racial, en busca de razas mejores y más adaptables. En tal sentido, las tesis del antropólogo M. de Gobineau, contrarías a las mezclas y a los cruzamientos étnicos; causantes de las variaciones biológicas en las "razas superiores", y creadores de "los grupos satos en las razas humanas", eran calificadas de "exageradas", alegando que la mezcla de razas desiguales tendía inevitablemente a eliminar la inferior.[101]

En función de ese objetivo, la inmigración blanca -española y canaria -se presentó como una de las principales líneas de la propaganda del Partido Liberal, siguiendo las tesis del "blanqueamiento" de José A. Saco y de los reformistas del 60. Los razonamientos en los círculos autonomistas, interesados en el fomento de la inmigración, no se circunscribían a este aspecto, pero evidentemente se trataba de un punto decisivo a tener en cuenta en los debates alrededor del destino político de la Isla.

El intelectual mulato Juan Gualberto Gómez se hacía eco de esta situación, cuando al exponer las diferencias y contradicciones entre los partidos existentes, advertía la coincidencia de ambos en la

---

[101] Arístides Mestres: "Memoria anual" de la Sociedad Antropológica de la Isla de Cuba, leída en sesión del 17 de octubre de 1888. Véase el trabajo de José Torralbas, "Los grupos satos en las razas humanas" (Leído en la sesión pública de la SAIC, 19 de agosto de 1888), en Rivero de la Calle: Ob. Cit., p. 208.

necesidad de "prescindir de una tercera parte de la población de Cuba", buscando entorpecer el cumplimiento de "sus justas aspiraciones".[102]

Entre los "excluyentes" se encontraba una variante contraria al cruzamiento y defensora del mantenimiento de los grupos étnicos "puros". Uno de sus más elocuentes representantes, José R. Montalvo, quien en un inicio concebía la prostitución de las mujeres de color en la ciudad como la causa principal que llevaría a la desaparición de la raza negra, [103]diez años después daba fe del cambio dentro de su doctrina racista en un discurso pronunciado en el Círculo autonomista a finales de 1888. Para Montalvo, sólo la inmigración blanca y la pureza étnica podían conllevar al freno definitivo del nocivo aumento del mestizaje. Unido a ello, advertía el líder autonomista, los "descendientes de los aryas" no podían perder en ningún momento su superioridad material y política, ni dejar escapar "de sus expertas manos la suprema dirección de los asuntos públicos".[104] El modelo a seguir, según Montalvo, estaba en la India que preservaba las castas, atribuyéndoles a ellas la pureza de los brahmanes.

En la misma dirección se movía el reconocido médico cubano de ideas anexionistas, el doctor Juan Guiteras. Pero, desde su percepción médica, el peligro de la "ascendencia y hegemonía" de la raza blanca en

---

[102] Juan Gualberto Gómez: *La cuestión de Cuba en 1884*, Madrid, 1885, p. 27.

[103] Intervención de Montalvo en la sesión pública ordinaria del 16 de febrero de 1879, en *Actas de la Sociedad Antropológica...*, p. 82.

[104] Discurso de Montalvo en el Círculo autonomista, 14 de noviembre de 1888. Tomado de "Los descendientes de los aryas", en *La Fraternidad*, La Habana, 10 de enero de 1889.

Cuba y en el resto de Las Antillas radicaba en la fiebre amarilla. Las mejores condiciones morales e intelectuales del blanco sobre el negro, según Guiteras, no lograban imponerse en el terreno de la adaptabilidad a las condiciones climáticas y epidemiológicas: "... si no fuera por la inmigración constante de jóvenes sanos y robustos de la raza blanca, la preponderancia numérica de la raza de color se impondría".[105]

El científico Guiteras mantenía el razonamiento sobre la anatomía y la patología de las razas, en dependencia de las condiciones climáticas. Tales criterios estuvieron en los debates de la Sociedad Antropológica, de la Real Academia de Ciencias Médicas, Físicas y Naturales de La Habana, y también estudios como los que realizara Henri Dumont durante los años de 1860 y 1870,[106] instituciones y exponentes elocuentes de la interpretación científica de perjuicios y dilemas de orden económico-social, explosivos en algunas coyunturas.

La tesis de la inmunidad de los negros a las enfermedades formaba parte de un debate de mayor magnitud. Médicos y antropólogos europeos, como Boudin, Lind, Laure, Armand, sostenían tales concepciones, mientras otras autoridades científicas,

---

[105] Manuel Sanguily: "Problemas de patología y de política", en *Hojas Literarias*, La Habana, 31 de agosto de 1894.

[106] Puede verse de Henri Joseph Dumont: *Investigaciones generales sobre las enfermedades de la raza que no padecen de fiebre amarilla y estudio preliminar sobre la enfermedad de los ingenios de Azúcar, o Hinchazón de los negros y chinos*, Cárdenas, 1865.

entre las que se hallaban Hirsch, Dutraulad, Mon du Bellay, Ligand y San Vel, se oponían decididamente a la inmunidad biológica de las razas. Por su parte, en el seno de la Sociedad Antropológica en Cuba el profesor Montané, con su trabajo "Raza negra", asumía los estudios de patologías comparadas del médico cubano Vicente Benito Valdés, referidas al impacto en la raza negra de la fiebre larvada, la intermitente simple y del paroxismo periódico.[107]

Los también miembros de la Sociedad, Nicolás J. Gutiérrez y José Torralbas, potenciaban los argumentos médicos de las tesis excluyentes. Para el primero, las malformaciones congénitas, llamadas "monstruosidades" eran casi exclusivas de la "raza etiópica", mientras que para Torralbas la teoría moderna explicaba tales patologías, asociándolas a "la detención en el desarrollo" y a las condiciones en que se encontraban las" razas inferiores".[108]

Ambas concepciones excluyentes se ajustaban a las apremiantes lecturas de una sociedad en transición y potencialmente volátil. Imposible solazar. ¿Cómo sería el futuro más allá del barracón?; ¿acaso un palenque social?, ¿un trasnochar constante ante las imágenes de la venganza? Parecía demasiado; indescifrable. Pero aún quedaban otros motivos de alarmas, cuando del tintero del martirio salieran los decretos del Gobierno General, concediéndoles a la población "de color" el derecho de asistir a las Escuelas Municipales y el de circular libremente por los lugares públicos.

---

[107] Sesión pública de la SAIC del 4 de mayo y el 1 de abril de 1888, en Rivero de la Calle: Ob. Cit., pp.147-151.
[108] Sesión pública de la SAIC, 3 de diciembre de 1882, en Ibídem., pp.140-141.

Muy pronto quedó asociada la inmoralidad y la corrupción en "el país del chocolate"[109] a la expansión de las culturas negra y china. No pocos veían ante sus ojos a la multitud "de color" desfilar por las calles entre cantos y ritos ancestrales, que muy bien podían considerarlo una incitación a la venganza. El reconocimiento de esos derechos al negro, según dos artículos del autonomista José de Armas y Céspedes, publicado en las columnas de *Las Avispas*, conllevaba a una catástrofe inminente, una vez que su "inferioridad intelectual" dejaba abierta las puertas a lo que sería a todas luces "una guerra entre blancos y negros".[110]

El clima de tensión político y social que cubría la Isla exacerbaba estas posturas racistas, calificadas por el líder obrero matancero Mateo Fiol de "negrofobia". A victorias como la del "negro Popó",[111] le siguieron manifestaciones constantes de rechazo, con rasgos de

---

[109] Así definía a Cuba el autor español Francisco Moreno en su obra *El País del chocolate (la inmoralidad en Cuba)*, Madrid, 1887.

[110] Los artículos de José de Armas se titulaban, "La agitación de los negros" y "Negros y blancos", publicados en el periódico *Las Avispas*. Tomado de *La Igualdad*. La Habana, 13 de enero de 1894.

[111] En 1889, el artesano Emilio Leopoldo Moreno, conocido en Santiago de Cuba como el "negro Popó" estableció un litigio contra el cantinero del Hotel Venus, Cristóbal Bas, quien rompiera el vaso en el que Emilio había tomado la horchata. El caso llegó al Tribunal Supremo de España, en donde en presencia de Labra el negro ganó el caso. Enrique Gay- Calbó: *Formación de la sociedad cubana*, La Habana, P. Fdez y Cía., 1948, pp. 49-50.

violencia significativos en las regiones de La Habana, Matanzas, Cienfuegos y Sagua la Grande.[112]

Tales actitudes fueron rechazadas hasta por los propios grupos autonomistas, principalmente al nivel de juntas locales; integradas sus directivas en ocasiones por negros[113]. No obstante, en cualquiera de las alternativas de exclusión expuestas, existía un trasfondo político, condicionado por la confrontación de ideas, acentuada desde 1887; año de grandes tensiones en el enfrentamiento entre los representantes de las distintas opciones políticas, e incluso dentro de ellas mismas.

No obstante la esperanzadora Circular de Máximo Gómez, que oficializaba el aborto de su Programa de San Pedro Sula en 1886, la constitución en Santiago

---

[112] Escenas como la del negro Popó se sucedían casi a diario, llegándose incluso a desafiar al gobernador Emilio Callejas, quien fuera el que ratificara los derechos concedidos en 1885 a la población "de color". Según relato de *La Igualdad*, en su edición del 18 de enero de 1894, en el teatro Tacón de La Habana, considerado plaza fija de la juventud autonomista y en presencia del Gobernador de la Isla, un grupo en uno de los intermedios cantó un coro que hablaba de la llegada a Cuba de "un Pinzón, que le dio a los negros el Don". La mayoría de los presentes irrumpió en aplausos.

[113] El 13 de enero de 1894, *El Palenque de Santa Isabel de Las lajas*, órgano del Comité autonomista de esa localidad, publicaba el artículo de Donoso Pimentel, "Entre blancos y negros". Para el publicista las personas de la raza negra que asistían a los paseos, teatros, fondas, o viajaban en vagones de primera del ferrocarril ejercitaban un derecho que había que respetar, y sólo había que exigir, al igual que a los blancos, decencia y cultura. En el mismo sentido se expresaba *La Doctrina*, órgano del Comité autonomista de Holguín. Véase *La Igualdad*, La Habana, 13-18 de enero de 1894.

de Cuba del Comité provincial autonomista, y la integración de jóvenes en regiones como Matanzas y Camagüey a la Juventud Liberal, el fracaso constante de las demandas del Partido Autonomista ante las Cortes y las divisiones internas entre las juntas locales y la Junta Central, así como en el seno de la propia directiva, desarticulaban sus estructuras y minaban cada vez más el terreno de su credibilidad.[114]

El otro peligro venía del exterior. La labor unificadora de Martí encauzaba el espíritu independentista. Podía parecer suficiente para quienes se oponían a la revolución. Pero aquel hombre iba más allá: tocaba a las puertas del obrero, de los preteridos. Hablaba de igualdad (como si no le bastara la libertad), y lograba atar cabos, aliviar resquemores, e infundir confianza en los ánimos. No se había equivocado el general Blanco: era un loco, pero un "loco peligroso".

En este contexto, la confluencia del problema social no podía ser menos alarmante y aunque desde todas direcciones políticas e institucionales se buscaba atraer hacía sus bases a los sectores más populares, incluyendo al negro, el cuestionamiento racial continuaba gravitando sobre las más importantes polémicas relacionadas con la viabilidad de la guerra.

Una de las más representativas por el impacto que alcanzó en los principales órganos de prensa y por los argumentos vertidos de una y otra parte fue la

---

[114] Más información sobre la situación del autonomismo hacia 1887, véase a Luis Estévez y Romero. *Desde el Zanjón hasta Baire. Datos para la historia política de Cuba*, La Habana, 1899.

sostenida en las páginas de *El Avisador Cubano*, entre el abogado autonomista Fidel G. Pierra y Rafael de Castro Palomino.

En la defensa de sus tesis, contrarias a la revolución, el primero acudía a lo más selecto de la bibliografía científica de la época, para integrar el eje explicativo que conformaba la antinomia "ilustración-ignorancia".[115] Siguiendo la línea antropológica, Pierra trataba de demostrar la relación existente entre las circunvoluciones del cerebro y la sustancia gris con el intelecto, concluyendo que sólo las "razas superiores" lograban un máximo desarrollo cerebral.

Tales supuestos hacían imposible la afinidad entre la raza blanca y la negra, tampoco, a juicio del polemista, podía inspirar confianza la alianza racial en un conflicto capaz de degenerar en una guerra de razas. La "ilustración", personificada en la intelectualidad blanca contraria a la revolución y sostén de la "expansión", "el desarrollo" y "el progreso", no debía correr ese riesgo".[116]

Como elemento de protección se recurría al problema demográfico y se hacía depender la existencia del Estado independiente a ciertas y determinadas condiciones necesarias para su acción efectiva sobre el conglomerado popular. El tiempo venía a funcionar como el elemento decisivo que

---

[115] En el transcurso de la polémica, Pierra apelaría constantemente a obras como *The Human Species*, del profesor de antropología del Museo de Historia Natural de París, M. de Quatrefages; *Mental Science*, del psicólogo inglés Bain; *Antropología*, de Topinard y a su texto cabecera *Principles of Psychology*, de Spencer.

[116] Fidel G. Pierra: "La Evolución y la revolución". II, IV, X, 15, 13 y 29 de agosto de 1888, en *El Avisador Cubano*, Nueva York, 1888.

enmascaraba la oposición al cambio brusco, en sociedades consideradas no aptas para ejercer el gobierno propio.

Para Pedro González Llorente, por ejemplo, la separación de las colonias de sus metrópolis constituía una manifestación del desarrollo alcanzado por las primeras. El primer requisito, según el autonomista, para que la constitución del Estado cubano fuera una realidad inobjetable consistía en garantizar su cuantía poblacional que debía ascender a 7 u 8 millones de habitantes. Partiendo de que en aquel entonces la cifra sólo llegaba a medio millón, el abogado cubano calculaba la probabilidad de la separación, "prescindiendo de las otras condiciones", entre los años 2143 y 2173.[117]Sin dudas, un lapso suficiente para no ver sobre su cabeza la sombra siniestra de "la fantasma", como denominaba González Llorente a la independencia.

Similar inquietud demográfica veía Manuel Sanguily en el pensamiento de Montoro, y lo identificaba como la raíz de todos sus credos: "D. Rafael no acaba de concretar el nexo existente entre esa anómala condición étnica cubana y nuestra política -apuntaba Sanguily- pero la esencia de su pensamiento la sintetiza de la manera siguiente: "... debemos procurar primero la plenitud y la cohesión en lo demográfico para buscar después el estado libre; o sea, fomentar la población en lo cuantitativo y en lo cualitativo, como factor esencial de la

---

[117] Pedro González Llorente: *Las Reformas y la fantasma*, La Habana, 1893, p.18.

nacionalidad para que esta, en su día, constituya el Estado."[118]

En Cuba la recepción de este universo de ideas y las posiciones del liberalismo mostraba sus particularidades con respecto a Europa, Estados Unidos y el resto de América Latina. A la contradicción que generaba la inexistencia del estado nacional hasta 1902, las deformaciones estructurales, la consolidación de la dependencia de los distintos sectores de la burguesía, en los marcos de relaciones coloniales *sui generis,* se sumaban otros factores de diversa índole concurrentes en el proceso de transición. La revolución cubana había colocado el cuestionamiento regeneracional en el centro del debate político. Enfrentar la opción revolucionaria significaba, ante todo, demoler su base social, presentándola incapaz de ofrecer soluciones a los problemas de la colonia y ávida de ocasionar daños irremisibles a las propiedades y a las vidas. El miedo a la guerra de razas y al consecuente establecimiento de una república negra sería la tónica discursiva de estos elementos: "Continuar el combate hoy – expresaba el teniente coronel Cristóbal Pérez, presentado al enemigo tras la muerte del brigadier Juan B. Zayas- sólo aprovechará a la parte más brutal de la raza de color que tiene una segunda intención en la contienda".[119]

Dentro de las filas anexionistas las voces de hombres como José Ignacio Rodríguez se hacían

---

[118] Tomado de Medardo Vitier: *Las ideas y la filosofía en Cuba,* La Habana, 1970, p.143.
[119] Carta de Cristóbal Pérez a Néstor Aranguren, extraída de Gerardo Castellanos: *Aranguren (del ciclo mambí),* La Habana, 1923, pp. 218-219.

escuchar en Estados Unidos, llevando siempre sus mensajes premonitorios a las distintas esferas de poder del imperio. Desde sus posiciones oscilantes entre la anexión inmediata y la autonomía colonial, José Ignacio recurría a la incivilización de una raza uncida a un pasado marcado por la esclavitud, principal tesis contra una opción política que la agrupaba y la armaba sin advertir las señales del peligro.

Ante la propaganda racista que amenazaba con cauterizar la composición social de la gesta libertadora, socavando la credibilidad en su base, el hombre de color que solía aparecer junto al blanco en los diarios y revistas, deleitando las páginas de una historia que construían en su condición de "cubano", volvería a ser el "negro" o "nuestro negro", al que había que legitimar por sus actos.

Este discurso integrador, fuese desde una posición estratégica o como resorte ideológico establecido a partir de la evolución de una conciencia patriótico-nacional no excluyente, precisaba los rasgos de una nacionalidad que incluía al negro cubano y lo hacía partícipe de un proyecto liberal transformador, sin que necesariamente advirtiera las posibilidades de igualdad en un futuro escenario de posguerra.

Desde esa perspectiva, "nuestro negro" podía quedar delineado en la frontera defensiva contra la penetración del "otro" negro, en tanto factor demográfico altamente desestabilizador. Las concepciones se definían en la medida que avanzaba el poderoso movimiento de hombres de color, gestado en los últimos años de la centuria en Estados Unidos y se organizaba la Afro-American Cuban Emigration

Society, liderada por el capitán John L. Waller.[120]Las gestiones de colonización negra en Cuba presentadas al Congreso estadounidense alarmaban a figuras como Merchán, quien afirmaba que no "eran" anexionistas porque "habían en Estados Unidos alrededor de 8 millones de negros que inundarían la Isla" y entonces, advertía, si habría conflicto de razas, "y las primeras víctimas serían nuestros propios negros, a quienes queremos como hermanos nuestros que son".[121]

Algunos historiadores, fundamentalmente de origen cubano y norteamericano, se han adentrado en la problemática racial durante este período.[122] Como tendencia, los criterios avalan una continuidad de las prácticas racistas en el movimiento revolucionario, y

---

[120] La prensa negra de Estados Unidos, como *Colored Citizen* y la *Coffeyville American*, incitaba a la emigración con destino a Cuba, como la única opción del negro de escapar de los atropellos cometidos por la elite blanca. Véase de Willard Gatewood: *Black Americans and the white mans burden*, University of Illinois Press, 1975, pp. 168-169.

[121] Rafael M. Merchán: "La redención de un mundo", en *Patria*, Nueva York, 2 de julio de 1898.

[122] Entre las obras que de una u otra forma trabajan el período se encuentran, de Aline Helg, *Lo que nos corresponde. La lucha de los negros y mulatos por la igualdad en Cuba, 1886-1912*, La Habana, 2000, de Alejandro de la Fuente, "Myths of racial democracy: Cuba, 1900-1912", *Latin American Research Review*. Vol.34, no. 3, 1999, de Tomás Fernández Robaina, *El negro en Cuba, 1902-1958: Apuntes para la historia de la lucha contra la discriminación racial*, La Habana, 1990, de Oilda Hevia Lanier, "El problema racial en Cuba entre 1898-1902", (inédito), y de Ada Ferrer, *Insurgent Cuba. Race, nation, and revolution, 1868-1898*, The University of Carolina Press, 1999.

apelan para ello a fuentes testimoniales y de otros tipos que evidencian la existencia de concepciones y prácticas discriminatorias por parte de una elite nacionalista blanca que buscaba aparecer, desde su versión civilizadora, la portadora de los factores capaces de ejercer el control de un gobierno propio.

Con frecuencia estos autores reiteran en sus textos hechos o experiencias de la vida cotidiana que refuerzan sus ideas. Entre recuentos anecdóticos aparece siempre el general Quintín Banderas, bravo entre los bravos militares, siendo rechazado por una joven blanca en medio de un baile efectuado en Holguín. Si asumimos la nomenclatura de la historiadora Ferrer, y de acuerdo a los calificativos peyorativos y las campañas contra este jefe militar, estamos en presencia, desde la óptica perceptiva y elitista de la época, del "hombre rústico", susceptibles a incidir en actos salvajes y denigrantes, capaz de provocar el rechazo y hasta la ofensa de cualquier dama holguinera. Sin embargo, otros generales negros, como Jesús Rabí y Pedro Díaz Molina, de ademanes o rasgos más acordes con el *standard* de aceptación de la época, eran considerados "buenos negros".

En cualquiera de los casos, el elemento de la discriminación racial, fenómeno lógico e inevitable, estaba presente. Desde mi óptica, la formación de la autoconciencia nacional transcurría a través de ritmos, en ningún modo sincrónicos en la dinámica racial y étnica, pero que configuraban, en su abrupto desarrollo, una nueva calidad en la conciencia.

Un primer ritmo, llamémosle básico o inmediato, tenía que ver con la concepción histórica del negro como ser inferior o mera "pieza de ébano", destinado al trabajo forzado o a las prácticas delictivas. Estas imágenes ofertaban a un negro indisolublemente ligado a las prácticas de brujería, magia, ñañigismo y hasta de canibalismo; elementos constitutivos que conformaban lo que Aline Helg define como los "fetiches del temor", exteriorizados con más frecuencia a través de las imágenes del negro violador y la mulata seductora.[123]

Tales representaciones, no exclusivas de los sectores elitistas, estaban entre los arquetipos que incidían en la creación y en el "manejo" de estados de opinión, y de las posiciones ante la problemática racial, susceptibles de retardar o acelerar el proceso integrador. Por una parte, los discursos segregacionistas, instigadores del miedo a la "africanización" o a la "República negra"; ahondando en el abismo de las diferencias y la discriminación; por otra, la retórica de los agentes legitimadores de la "igualdad racial", anunciando cambios evidentes en el modo de asumir un conflicto multisecular y básico dentro de la integración del etnos cubano.

La reacción era instantánea y formaba parte de la vida cotidiana; de la percepción diaria, dentro de la heterogeneidad de rasgos bioantropológicos de individuos que en el orden de las mentalidades estaban codificados de "indeseables", fueran asiáticos o negros, con todas las rémoras que implicaba su existencia cultural y social.

Existía otro ritmo de carácter más mediato, el cual se insertaba en el proceso de mestizaje. O sea, aun

---

[123] Aline Helg: *Lo que nos corresponde. La lucha de los negros y mulatos por la igualdad en Cuba, 1886-1912*, La Habana, 2000.

cuando la "raza", categoría social y cultural, en un territorio caracterizado por su carácter multirracial y multiétnico, impusiera fuertes barreras a la integración en su etapa formativa, en la práctica las uniones interraciales e interétnicas, contribuían en su desarrollo a la formación de una autoconciencia étnica.[124]Tal proceso era derivado de la integración biológica y sociocultural de elementos diversos, que irrumpían con la fusión de nuevas riquezas culturales al etnos cubano[125]; que no enclaustraban su patrimonio, ni lo aislaban del resto de los componentes endógenos y foráneos. La posición que ocupaban mayoritariamente en la pirámide social lo enajenaban del resto y lo circunscribían a los marcos espaciales de los agitados barrios por los que desfilaba el mestizaje de la mano de la explotación y el rechazo. O como lo describiera Ortiz:

La cultura propia del negro y su alma siempre en crisis de transición penetran en la cubanidad por el mestizaje de carnes y de cultura embebiéndola de esa emotividad jugosa, sensual, retozona, tolerante, acomodaticia y decidora que es su gracia, su hechizo y su más potente fuerza de resistencia para sobrevivir en el constante hervor de sinsabores que ha sido la

---

[124] Jesús Guanche: "Aspectos etnodemográficos de la nación cubana, problemas y fuentes de estudio", en *Debates Americanos*, no. 3, La Habana, enero-junio, 1997.

[125] Según Jesús Guanche, a partir de la segunda mitad del siglo XIX la población cubana, "con sus rasgos peculiares de etnicidad cambiante", era mayoritaria con relación al resto de los grupos étnicos y de los componentes aislados y minoritarios procedente de Europa, Asia, América Latina y el Caribe.

historia de este país.[126]

La diferenciación rítmica de un mismo fenómeno con sus particularidades espacios temporales, marcaba la compleja dinámica en la que los elementos de integración y segregación convergían inevitablemente. El movimiento de liberación nacional fue parte indiscutible y esencial de este proceso, pero, en ningún modo, su punto culminante. La guerra contribuiría a limar, en grandísima medida, muchas de las deformaciones y problemas que agitaban el escenario colonial, incluyendo la estratificación y la segregación de todo tipo, pero no los eliminaría.

---

[126] Fernando Ortiz: "Los factores humanos de la cubanidad" (Conferencia leída en el anfiteatro "Varona" de la Universidad de la habana, 28 de noviembre de 1939, en Isaac Barreal Fernández: *Estudios etnosociológicos*, La Habana, 1991, p. 25.

YOEL CORDOVÍ NÚÑEZ

TENDENCIA DEMOCRÁTICO – RADICAL

De igual modo que el liberalismo apela en primera instancia al término "libertad", potenciando el interés individualista: la persona con sus necesidades y derechos naturales por encima de la sociedad, cuando se habla de democracia, la "igualdad" se impone como concepto a fin a un ideal igualitario, colectivo, ajeno a la filosofía liberal.

Aun cuando los sectores radicales del liberalismo en Cuba reconocían la importancia de los sectores populares en el enfrentamiento contra la metrópoli, y abogaban por la igualdad de oportunidades, en cuanto a educación, cultura e incluso derecho al voto, el punto de partida individualista de la doctrina liberal establecía distinciones dentro de la pluralidad, en la que, al final, sólo ciertos individuos estaban en condiciones de representar al resto de la colectividad en las funciones de gobierno. Lo diferenciable interfería, de hecho, la plena realización de la igualdad dentro de la libertad, y el resultado no podía ser otro que las desigualdades.

La democracia para los liberales radicales se convertía solamente en una fórmula política que era la "soberanía popular"; o sea, la extensión de los derechos políticos al mayor número de individuos, sin distinción de raza o clase social, salvo el límite de edad y el sexo.

Esta concepción era el reflejo de las mediaciones que se suscitaban entre la filosofía del liberalismo y la democracia, en una época en la que el vocabulario liberal adaptaba los nuevos conceptos al contexto social; la noción de igualdad fue sustituida por la de servicio social y las instituciones representativas fueron consideradas instrumento para evitar las confrontaciones sociales. El Estado, inmerso en estos reajustes conceptuales, sería el garante del justo equilibrio entre los intereses variados y el que propiciaba las verdaderas libertades.

En el caso de los representantes de la ideología liberal conservadora el enfrentamiento a la idea de igualdad no daba margen a fórmulas conciliadoras. El abismo era insalvable. Dentro del liberalismo radical podían producirse evoluciones hacia una democracia "pura", pero no así en el conservadurismo. Para esta tendencia el asunto estaba claro: la democracia en sociedades coloniales, como la cubana, atentaba contra el verdadero estado de derecho. De ahí el significado de la pregunta de Pierra: "¿Los hombres son iguales?". La respuesta era precisa: "No en lo físico, pues la anatomía y la fisiología demuestran lo contrario; no en lo mental porque la psicología lo rechaza, mientras que todos juntos demuestran que la desigualdad en sus facultades es uno de los caracteres más distintivos de los individuos de nuestra especie."[127]

Por consiguiente, cualquier acto que trajera consigo la participación de las mayorías o "las

---

[127] Fidel Pierra: Discurso leído en la Sociedad Literaria His-pano-Americana de Nueva York, 28 de diciembre de 1888, en *El Socialismo. El sufragio universal. Dos discursos*, pp. 23-24.

masas" en las decisiones colectivas era interpretado como contrario a las libertades del individuo, equiparado incluso con los ilimitados poderes de los Estados absolutistas. Como expresara Govín:

La democracia, al igual que la monarquía, puede conducir al absolutismo ¿Sería acaso menos temible para los derechos individuales y las libertades locales el derecho administrativo de la democracia sin freno que el formado para su uso y provecho por la monarquía absoluta?[128]

Mientras Govín equiparaba la democracia con el absolutismo, Varona la asociaba a la demagogia. Según el intelectual, la demagogia "la propicia la ignorancia de los que votan, es la forma que toma forzosamente la democracia en países que no hayan llegado a la altura indispensable para obtener de las instituciones democráticas el fruto apetecible."[129]

El problema de la democracia es mucho más complejo. Del mismo modo que la ideología liberal no se reducía, ni respondía esencialmente al nombre de un partido y a su programa, ni era incompatible con la independencia, las nociones de igualdad y de democracia, aun cuando estuvieran presentes en la retórica liberal, eran sólo defendidas en la práctica por una facción minoritaria.

Según el panameño Ricaurte Soler, el carácter democrático-radical en los procesos históricos latinoamericanos, estaba identificado con "aquellos procesos de raíz popular que a partir de la independencia se empeñaron en conjugar las tareas de la organización nacional con las reivindicaciones

---

[128] Antonio Govín: Ob. cit., p. 20.
[129] Enrique José Varona:"Un recuerdo de Tammary Hall", en *Violetas y ortigas*, p. 118.

sociales de las clases subordinadas."[130] Desde esta óptica, y adaptando la definición de Soler a la del individuo que comparte una concepción democrático-radical, podría decir que es aquel, que inmerso en un proceso transformador de amplia base social popular, identifica plenamente la realización del ideal nacional con los intereses del conglomerado social en términos de igualdad.

El punto de partida de ese pensamiento democrático es el propio liberalismo, en cuanto teoría que hace valer la individualidad por encima de los poderes monárquicos y absolutistas. La independencia es hija de ese pensamiento como lo fueron los procesos democrático-burgueses europeos durante el siglo XIX. Pero el problema residía en la radicalización de dichos procesos. Como apuntara Tulio Halperin: "La reconciliación de los orígenes revolucionarios de la tradición liberal democrática de Europa continental, después de 1845, a de afirmarse, pero lo hará sobre todo bajo el estímulo de Lamartine, los héroes de cuya historia –los girondinos- son presentados, antes que como los factores de la guerra revolucionaria, como las víctimas del furor revolucionario."[131]

Si bien los demócratas-radicales tienen su fuente nutricia en el liberalismo, en su radicalización llegan a rebasarlo. Sus héroes no son los selectos de

---

[130] Ricaurte Soler: *Idea y cuestión nacional latinoamericanas. De la independencia a la emergencia del imperialismo*, México, 1980, pp. 56-57.
[131] Tulio Halperin Dongly: *Hispanoamérica después de la independencia. Consecuencias económicas y sociales de la emancipación*, Buenos Aires, 1972, p. 187.

Lamartine, aunque en ocasiones de allí procedan, sino aquellos que se identifican con la mayoría popular. La esencia de sus conceptos es profundamente ética: "Urge devolver los hombres a sí mismo" -decía José Martí -no a través de redenciones "teóricas y formales", sino por medio de la comunión de libertades y de sentimientos que permitieran gestar desde la propia organización de la revolución, la república de "con todos y para el bien de todos".

Mucho se ha escrito sobre el pensamiento martiano y su relación con el liberalismo. Una de las obras más importantes en este sentido es la del hispanista francés Noel Salomón, "En torno al idealismo de José Martí". Para este autor, a pesar de los principios morales y solidarios presentes en las páginas del Maestro, existía en él "una verdadera absolutización del individuo" que ostentaba "un cariz típico del liberalismo". El humanismo martiano, según Salomón, enriquecido por la tradición del pensamiento anterior, culminaba "en una postura claramente liberal, típica del siglo XIX."[132]Julio Le Riverend, por su parte, advertía que aunque Martí confiaba en el hombre, no lo veía por encima de su mundo, "sino dentro, creándose y recreándose, al compás de lo que le exige la realidad."[133]

La mayoría de las tesis sobre este asunto se refieren a la existencia de etapas que designan momentos importantes en la evolución del

---

[132] Noel Salomón: "En torno al idealismo de José Martí", en *Anuario del Centro de Estudios Martianos*, no. 1, 1978, pp. 49-50.

[133] Julio Le Riverend: *José Martí: pensamiento y acción*, La Habana, 1982, p. 74.

pensamiento de Martí. El historiador francés Paul Estrade fijaba entre 1886 y 1887 la fecha de declive del período liberal del revolucionario cubano y reconocía en sus textos de 1891-1892 un cuestionamiento al liberalismo. No se trataba de una evolución drástica –afirmaba- "aunque sea tan radical que no nos ha parecido posible seguir ubicando a Martí, desde entonces, en una corriente liberal, ni siquiera calificada de radical."[134]El mismo criterio de Soler cuando al analizar el pensamiento martiano en los años de 1890 afirmaba que no podía ser homologado con ningún socialismo utópico –como había hecho Salomón- "menos aún con una democracia liberal que, a escala hispanoamericana, se encontraba en trance de degeneración."[135]

Para la mayoría de los autores, José Martí desborda los principios liberales. Las causas de este distanciamiento son delimitadas por Le Riverend quien partía de afirmar que Martí se formó dentro de los marcos teóricos del liberalismo –formación enriquecida con sus estudios universitarios en España- pero que posteriormente rebasó esta filosofía. Las claves metodológicas que explicaban el alejamiento fueron sintetizadas por el historiador en tres puntos:

• Refutación de las concepciones liberales vigentes, que asumían los modelos de desarrollo capitalista europeos y estadounidenses como los ejemplos a imitar en los pueblos de América latina

---

[134] Paul Estrade: "José Martí (1853-1895) ou des fondements de la democratie en Amerique Latine".
[135] Ricaurte Soler: Ob. cit., p. 244.

y a los aborígenes como un elemento retardatario de la civilización.

• Comprensión de la identidad latinoamericana: "En vez de partir del modelo para describir sus desajustes en el Continente, su esfuerzo cognoscitivo se dirigió a la realidad con independencia del modelo."

• Crítica del modelo liberal republicano de Estados Unidos y de sus tendencias expansionistas, que lo conduciría a plantearse la idea del necesario "equilibrio del mundo".[136]

En el centro de las claves metodológicas que aporta Le Riverend habría que ubicar la concepción de justicia social en Martí: "No es en los anarquistas donde debe ahorcarse al anarquismo, sino en la injusta desigualdad social" –diría a raíz de los sucesos de Chicago en 1886.[137] Esta percepción aguda lo llevaría a cuestionarse la justeza del modelo democrático de Estados Unidos: "Esta república, por el culto desmedido a la riqueza, ha caído, sin ninguna de las trabas de la tradición, en la desigualdad, injusticia y violencia de los países monárquicos".[138]

---

[136] Julio Le Riverend: "El historicismo martiano en la idea del equilibrio del mundo", en *Anuario del Centro de Estudios Martianos*, no. 2, 1979, p. 146.

[137] Tomado de Roberto Fernández Retamar: *"Nuestra América": cien años y otros acercamientos a Martí*, La Habana, 1995, p. 102.

[138] José Martí: "Un drama terrible", en *Obras Completas*, t. XI, p. 335.

Desde años antes, el joven revolucionario se había planteado los procedimientos efectivos para la realización de la justicia social y la democracia en los pueblos de América Latina. No bastaba, a su juicio, con llevar a los sectores populares la educación –fórmula típica del regeneracionismo liberal- sino que en el reordenamiento económico y social de los pueblos las transformaciones revolucionarias debían ir más a lo profundo. En 1875, al referirse a la población indígena escribía en la Revista Universal: "¿Qué ha de redimir a esos hombres? La enseñanza obligatoria ¿Solamente la enseñanza obligatoria, cuyos beneficios no entienden y cuya obra es lenta? No la enseñanza solamente: la misión, el cuidado, el trabajo bien retribuido".[139]

He ahí la dimensión social de su obra, y el aporte a una empresa caracterizada por más de dos décadas de fracasos y experiencias. Consciente estaba Martí de los "colosales peligros" que se cernían sobre la Isla en el contexto finisecular ante la impronta del naciente imperialismo estadounidense sobre la economía insular y de sus ambiciones continentales, tampoco estaba ajeno a las transformaciones políticas y mentales a ejecutar como axioma durante el proceso revolucionario y una vez establecida la república. Más, aun cuando de su pensamiento no escaparan las medulares aristas políticas y económicas que acompañaban el cambio, a su entender la obra no estaría completa, pecaría de innoble y oscura, sino se ajustaba desde sus raíces a los

---

[139] "Boletín", Revista Universal, 14 de septiembre de 1875, en Ibídem., t. VI, p. 328.

requerimientos que exigía el establecimiento de una república democrática.

Ese contenido humanista que llevaba implícito el proyecto de nación independiente; el universo de ideas desbrozadas desde la ética de Varela y de Luz y Caballero, en la búsqueda constante de la razón de ser del cubano desde su realidad y de los factores que distorsionaban su existencia, quedó sistematizado en las propuestas transformadoras, implícitas en los cuerpos conceptuales del proyecto revolucionario del 68[140], y alcanzó su madurez y pleno significado en las concepciones martianas de hombre y de patria.

Patria para el ideólogo de la Revolución era sentimiento, pero no "amor irracional", sino "el conjunto de condiciones en que pueden vivir satisfecho el decoro y el bienestar de los hijos de un país". El deber del cubano, "más que blanco, más que mulato, más que negro", estaba, justamente, en disolver cualquier obstáculo, entiéndase, "monarquías inútiles, religiones ventrudas o políticas descaradas y hambronas", que entorpecieran su dignificación y que redujeran su existencia a la de un ser servil. De no lograrse el "equilibrio abierto y sincero" de todas las fuerzas del país; entonces, subrayaba: "Se morirá por la república (...) si es preciso, como se morirá por la independencia primero..."[141] O sea, existía en Martí una relación directamente proporcional entre independencia y patria; la primera presuponía la cabal existencia de

---

[140]Sobre la importancia de las propuestas ideológicas que aportaban las liturgias del Gran Oriente de Cuba y Las Antillas, véase de Eduardo Torres-Cuevas: *Antonio Maceo, las ideas que sostienen el arma*, La Habana, 1995.

[141] *Patria*, Nueva York, 14 de marzo de 1893.

la segunda y ésta, a su vez, reconocía en su calidad a todos sus hombres.

Vuelve a imponerse la cosmovisión de *lo humano* en Martí, entendido, de acuerdo a la acepción de Noel Salomón, no una "abstracción", sino una esencia "que capta en relación con una experiencia real que es precisamente la situación "inhumana" o "infrahumana" de los más de los cubanos y latinoamericanos de su tiempo".[142]

A partir de esa experiencia formativa, tanto en Cuba como en los escenarios republicanos de América Latina; de su comprensión e identificación con sus componentes e historias, y de su percepción sobre las tendencias que asomaban en el naciente fenómeno imperialista, el revolucionario cubano trascendía su definición de patria y de independencia, imprimiéndole un carácter *de humanidad*: "Es cubano todo americano de nuestra América -advertía en uno de sus trabajos en *Patria*- y en Cuba no peleamos por la libertad cubana solamente (...) peleamos en Cuba para asegurar, con la nuestra, la independencia hispanoamericana..."[143]

El universo humano, según esta línea de pensamiento y acción, libaba la esencia del individuo; el "yo" cobraba su verdadera razón de existencia, en la medida que diluía su ser en el compromiso con los "otros". Basta acercarnos a las ideas de Máximo Gómez, autodefinido como "revolucionario radical", para aquilatar el sentido de pertenencia como

---

[142] Véase: Noel Salomón: "En torno al idealismo de José Martí", en *Anuario del Centro de Estudios* Martianos, La Habana, no.1, 1978.

[143] *Patria*, Nueva York, 18 de junio de 1892.

individuo, siempre subordinado a los intereses de la sociedad. Su concepción de la vida en tal sentido era reveladora: "... Olvídate de ti, sobre todo olvídate de ese pedazo de carne y hueso que es tu ser físico y luego que vengan las responsabilidades".[144] Sobre esa base definía el sentido de la muerte: "La muerte de un hombre, en realidad, no es nada sorprendente, ni poco ni mucho sensible, a no ser por la falta que hace a la sociedad, a quien se debe". [145]

La concepción del deber en Gómez, entendido como "la mejor de las religiones", era el eje en torno al cual giraba su definición de patriotismo. No podía olvidarse, según los consejos del Generalísimo, que "por encima de los intereses y consideraciones personales siempre han de estar los intereses, consideraciones generales y obligaciones patriotas".[146]

Pero esta dimensión ética que sustentaba la tendencia democrático-radical; que rebasaba la retórica sutil y contextual, empleada incluso por activos partidarios de la independencia, para imponerse como un modelo social en la futura república, encontraba diversos senderos; algunos intransitables; otros, con sus borrascas y abismos, y más allá la eterna duda, los tanteos y las esperanzas.

---

[144] Palabras de Máximo Gómez, citadas por Orestes Ferrara en su obra *Mis relaciones con Máximo Gómez*, La Habana, 1942, p. 79.

[145] Máximo Gómez: "Un Astro", Narcisa, 14 de diciembre de 1898, en Hortensia Pichardo: *Máximo Gómez. Cartas a Francisco Carrillo*. La Habana. 1986, p. 258.

[146] Máximo Gómez: "Carta a Francisco Carrillo, Las Delicias, 2 de agosto de 1897, en Ídem., p.172.

YOEL CORDOVÍ NÚÑEZ

Segunda Parte

YOEL CORDOVÍ NÚÑEZ

LIBERALISMO E INDEPENDENCIA: ESPACIOS DEL CONSERVADURISMO

HACIA EL CONSERVADURISMO: CONCEPTOS Y ESTRATEGIAS.

En el enfrentamiento al universo de ideas generadas por el movimiento revolucionario, y ante las disyuntivas y retos a enfrentar en el proceso de formación del Estado nacional cubano, los discursos cuajados al calor de los intensos debates en las últimas décadas del diecinueve, comenzaron a desdibujar antiguas fronteras políticas e iniciar un proceso de adaptación a una nueva realidad en la que los conceptos de patria y nación enrumbaban sus contenidos, ahora con puntos de contactos y referentes similares.

Ante tales circunstancias, el curso de los debates y el sentido de los discursos asumirían rasgos de una retórica asociada a la pasada empresa independentista, potenciando el segundo de los "peligros". Una especie de "robo de escena" en la que la independencia y la soberanía de Cuba, entendidas en los marcos de un gobierno estable y pacífico, sólo podían ser realidad a manos de los "conservadores", o como fuera expuesto en el programa del Partido Moderado (PM), creado a finales de 1904; del "elemento de resistencia reflexivo", opuesto "a las tendencias peligrosas del radicalismo".[147]

---

[147]. Véase, el Programa del Partido Moderado, firmado por

Las antiguas diferencias en constante forcejeo intentaban desaparecer, y del empeño emergían los símbolos institucionales del pasado en extraña simbiosis: "Parlamento", "Consejo de Gobierno", "Administración propia" y "Ejército local", aquello que identificaba el enfrentamiento político en el entramado colonial, aparecía en las nuevas circunstancias identificado por el ex autonomista Fernández de Castro como "formas primarias de la nacionalidad" y llamaba a su consagración.[148]

Para Giberga, por ejemplo, el problema de Cuba a partir de 1898 quedaba planteado en términos similares; había cesado "la causa de discordia" que dividía al cubano, y ante sus ojos se presentaba un problema común y una disyuntiva peligrosa: "Si este pueblo ha de vivir –advertía- si no ha de disolverse y desaparecer algún día, más pronto o más tarde, será únicamente bajo un gobierno independiente que le permita darse libremente las condiciones que para vivir necesita".[149]

En su discurso el connotado ex autonomista confiaba que tales ideas eran compartidas por el elemento conservador en la Isla. Pero agregaba: "lo que les importa es que se realice bajo la inspiración

---

Carlos Fonts Sterling, Orestes Ferrara, Domingo Méndez Capote, Florencio Villuendas, Francisco Duque Estrada y Nicasio Estrada Mora, el 20 de junio de 1904, en *El Nuevo Criollo*, La Habana, 1 de octubre de 1904.

[148]. Rafael F. de Castro. "Máximo Gómez", en *El Nuevo País*, 15 de febrero de 1899, en R. Fernández de Castro: Ob. cit. p. 507.

[149]. Eliseo Giberga: "Discurso pronunciado en la velada del Círculo de la Unión Democrática", 16 de agosto de 1900, en Eliseo Giberga: *Obras*, t. I, pp. 227-228.

de sus principios" ¿Qué significaba esta propuesta? En su intervención en la sesión de la Convención Constituyente del 9 de julio de 1901, Giberga, al introducir la palabra "conservador", se detenía en su empleo: "... la uso en un sentido en el cual pueden llamarse conservadores muchos que contribuyeron a la Revolución separatista y de ella proceden". Incluía a quienes atendían a la conservación y no a la transformación del orden social, "a resguardar el Gobierno y la Administración del terrible predominio de la ignorancia y la irresponsabilidad."[150]

No era casual la insistencia en el término "conservador". En Europa su contenido estaba asociado con los partidarios y sostenedores del *Ancien Regime* y en América Latina quedaba registrado, según expresión del mexicano José María Luis Mora, como el "partido de la inmovilidad"; o sea, el que agrupaba a los defensores del orden público y la religión y sedimentaba la herencia colonial, entorpeciendo la elevación progresiva de la sociedad hasta el sitial del progreso y la civilización.

Ser conservador en Cuba significaba, según sus ideólogos, limitar el alcance del proceso democrático burgués, con referentes obligados en la experiencia francesa de finales del siglo XVIII, en los ciclos de revoluciones europeas suscitados durante el diecinueve e incluso en la propia experiencia cubana. La revolución era sólo la vía de lograr la separación de España. Los reajustes posteriores debían mantenerse en el paraninfo de una intelectualidad

---

[150]. Intervención de Eliseo Giberga en la sesión del 9 de julio de 1901, en *Diario de Sesiones de la Convención Constituyente de la Isla de Cuba*, 1900-1901, p. 487.

que procuraba mantener el control de los cambios, ajenos a cualquier radicalización del proceso.

El concepto volvería a ser retomado próximo a establecerse la república por quienes temían la composición del gobierno y la posibilidad de desencuentros con Estados Unidos. Así lo expresaba un articulista de *La Lucha*, quien aplicando la máxima de Thiers en la tercera república francesa advertía: "la república será conservadora o no será" y, al efecto, disertaba sobre el papel que debía desempeñar el primer presidente en esa dirección:

Naturalmente, no intenta el Sr. Estrada Palma hacer conservadora a la República que él va a presidir, en el sentido reaccionario que aquí se da a la palabra "conservador". Pero sí cree que pasaron los tiempos líricos de la Revolución, su período jacobino y radical...

Y culminaba con una de las expresiones más elocuentes de este pensamiento. No sería el gobierno "un feudo del elemento revolucionario". El sistema a instaurar habría de ser "accesible a los hombres honrados y de talento de todos los partidos, cualesquiera que hayan sido sus antecedentes en la política".[151] Si bien en el plano político y económico los sectores liberales de la burguesía mantenían en alto las banderas del *laisser faire* y del *laisser passer* y su tradicional defensa de las garantías de las libertades de los hombres, ante las problemáticas sociales latentes, habían de optar por el "orden" o por la "conservación" del *status quo*.

---

151. *La Lucha*, La Habana, febrero de 1902.

Tales manifestaciones y posiciones condicionaban favorablemente la definición de la política concebida por el gobernador militar de la Isla, Leonard Wood, dirigida a la ampliación de la base insular conservadora. Buscar el apoyo de los elementos afines a su estrategia de ocupación indefinida, eslabón para alcanzar la efectiva "americanización" de la Isla, crear redes clientelares por medio de la conservación de cargos administrativos y de las concesiones de privilegios a todos los niveles, aparecieron entre las líneas de acción iniciadas por su predecesor en el cargo, John Brooke.

Desde un inicio, la restricción al sufragio universal se convirtió en una de las principales armas para los partidarios de esta variante de dominación y para la política expansionista estadounidense en general. Los argumentos raciales, enarbolados por la prensa pro española y norteamericana durante la guerra y los que mantenían los sectores más conservadores cubanos, continuaron matizando los discursos contrarios al sufragio. A pesar de que contaban con los resultados finales del censo publicado por J. P. Sanger, los cuales mostraban una proporción poblacional a favor de la raza blanca, la identificación de las "masas ignorantes" con el color de la piel los conducía a erigirse en centinelas del establecimiento de una "república negra", similar a la de la paradigmática Haití.

Sin embargo, la correlación de fuerzas políticas en el interior de la Isla se presentaba desfavorable a los intereses norteños. Sin un partido político que las representara, y diezmadas en el orden económico y moral, las asociaciones de hacendados, industriales y comerciantes, encontraban muy limitado su campo de acción, constreñido, en lo fundamental, a reclamar del gobierno interventor medidas que les permitiera revertir la crítica situación de sus miembros. El retraimiento del Partido Unión Democrático, compuesto por lo que James Figarola denominó "la extraña alianza" de ex autonomistas con independentistas, en los comicios electorales municipales, por un lado y, por otro, el triunfo de los candidatos del Partido Nacional Cubano en la mayoría de las regiones del país, fueron hechos que contrariaron la política de Wood y confirmaron la necesidad de ampliar su base social con los grupos más reaccionarios de la sociedad.

El interés anexionista de determinados grupos de la burguesía hispana, deseosa de mantener el control del comercio importador y al detalle, y de fuertes inversiones en el azúcar, el tabaco y otros renglones, fue tenido en cuenta por el Gobernador Militar, quien no demoró en declararse partidario de la inmigración de estos elementos, alegando que habían cooperado cordialmente con el gobierno militar.

Muy vinculados a estos sectores de la burguesía española se encontraban los intereses de la alta jerarquía católica, expresados en los órganos de prensa más conservadores. No quedar fuera de la órbita de poderes los obligaba a un replanteamiento urgente de una serie de problemas, claves en la definición de las futuras proyecciones en el complejo entretejido social. Conocedor también de esta situación, Wood la acogió bajo el manto tutelar de la ocupación. La identificación de la Iglesia Católica con el Estado era indispensable, en tanto punta de lanza contra la ideología independentista.[152]

En posición más favorable para el despliegue de la política norteamericana se hallaban los empresarios de origen estadounidense con intereses en la Isla y asociados a los círculos de comerciantes españoles. Una pieza fundamental en el engranaje económico y político era el negociante Edwin F. Atkins, uno de los principales confidentes del gobernador Wood en el período. Sus relaciones de antaño con los grupos más integristas de la sociedad insular y sus nexos con las esferas de la política y de los negocios en Estados Unidos, lo convertían en colaborante asediado por los funcionarios yanquis.

El dueño del central Soledad en Cienfuegos, perteneciente a una de las familias más pudientes de la zona, logró conformar durante varias décadas sólidos nexos de dependencia que consolidaban su ascendencia. Contar con su influencia entre los habitantes del territorio era un punto a favor del Gobernador de la Isla en su empeño por garantizar a sus candidatos en las elecciones municipales.[153]

---

[152] Sobre estos rejuegos, véase: Herminio Portell Vilá: *Historia de Cuba en sus relaciones con Estados Unidos y España*, La Habana. 1941, t. IV; Joel James Figarola: *Un episodio de la lucha cubana contra la anexión en el año 1901*, La Habana, 1974; Manuel Maza Miquel: *Esclavos, patriotas y poetas a la sombra de la cruz. Cinco ensayos sobre catolicismo e historia cubana*. R. Dominicana, 1999, y el más reciente trabajo de Yoana Hernández Suárez, "La Iglesia Católica durante la ocupación militar" (inédito). 2001.

[153] De acuerdo con los testimonios del propio Atkins, el Gobernador de la Isla le pidió que empleara su influencia y "apoyara a un hombre muy respetable que él deseaba fuera electo como alcalde de Cienfuegos". El propietario puso al

Volvía a manifestarse la importancia de recurrir al municipio y al barrio, esta vez por las autoridades norteamericanas, lo cual complejizaba los rangos de transacciones, explicados anteriormente dentro de los mecanismos de contención. Los fines políticos eran diversos: el control de los sectores populares era esencial, bien para garantizar, por disímiles mecanismos electorales la representatividad del elemento más conservador en la Isla y, al mismo tiempo, preservar en su esencia los factores que legitimaban la identidad del cubano y sus aspiraciones de independencia -con rangos de definiciones variables- frente a las tendencias absorbentes, o bien para, apoyado en quienes se enfrentaban a ese ideal, crear las condiciones que garantizaran, con el tiempo, el cambio en las expresiones identitarias de la población insular.

Sólo a partir de esta contextualización puede entenderse la actividad desplegada por Máximo Gómez, representante de la tendencia más radical del independentismo, durante el período de ocupación (para algunos "cándida" y "pasiva"). Cuando en sus circulares aconsejaba buscar "en las filas del ejército disuelto" a los candidatos para las alcaldías, estaba enfrentando justamente a estas otras tendencias que, al margen de sus finalidades, coincidían en desplazar a la base del movimiento revolucionario de los principales destinos, tanto de una futura república

---

tanto a los alcaldes de barrios de sus propósitos y la respuesta de éste evidenció la "sencillez" del asunto: el funcionario local "tomaría posesión de las urnas y destruiría las boletas de los candidatos opuestos..." Véase de Edwin F. Atkins: *Sixty years in Cuba*, Cambridge, 1926, p. 322.

como de un posible Territorio o Estado de la nación norteña.

La alcaldía de la Habana pasaría a ser para el viejo estratega una plaza importante, a partir de la cual gestionaría la colocación en los puestos públicos a individuos de su entera confianza.[154] Su concepción de patriotismo marcaba sustancialmente los márgenes de diferencias ideológicas: "El patriotismo bien sentido y bien justificado con el sacrificio, tiene el deber y el derecho de señalar sin miedo y sin componendas, a los hombres, no más sabios, sino más dignos para que entiendan en los asuntos sagrados de la patria."[155]

No obstante, en las nuevas circunstancias existían problemas de interés común entre la dirigencia política que allanaban el camino hacia posiciones conservadoras. A la convergencia de factores económicos, a tener en cuenta en el proceso de reconstrucción, se sumaban las posibilidades de maniobra ante el reconocido ímpetu "absorbente" de

---

[154] En las cartas dirigidas a Alejandro Rodríguez, presidente de la Convención Municipal del Partido Nacional Cubano y primer alcalde de la ciudad y posteriormente a su sustituto, el exsecretario de Justicia, Miguel Gener y Rincón, Gómez incluía los listados con los nombres de quienes, a su entender, debían desempeñar los cargos. Para esta labor, se apoyaría también en figuras como el general Bernabé Boza, alcalde municipal de Santa María del Rosario y Fernando Figueredo, subsecretario de Estado y Gobernación durante el gobierno de Brooke. Véase, por ejemplo, las cartas de Máximo Gómez a Alejandro Rodríguez y a F. Figueredo, en el ANC. *Fondo Máximo Gómez*, Legajo 29.

[155] Máximo Gómez: "Dos palabras de consejo a mis amigos cubanos", Calabazar, 20 de agosto de 1900, en Bernabé Boza: *Mi diario de la guerra*, t. II, La Habana. 1974, pp. 310-312.

la Gran nación, sin incluir dentro de los reajustes y negociaciones a los sectores más radicales del independentismo.

Existían personalidades representativas del pensamiento más radical que comprendían el peligro del espacio que alcanzaban los conservadores. Fue quizás Máximo Gómez dentro de este grupo quien con mayor fuerza enfrentó el accionar de los "prohombres del partido autonomista". Aun cuando fuera considerado por sus contemporáneos "el padre" de la política de "unidad y concordia", al surgir el PUD no tardó en condenar desde los más importantes periódicos de la época lo que calificó como "extraño consorcio" entre independentistas y autonomistas. A su juicio, "el timón de la nave quedaría en otras manos". Las causas de este fenómeno las atribuyó a la falta de unidad del elemento revolucionario: "Nos dividimos y ahí tiene Vd. el resultado", refería en una de sus entrevistas concedida al periódico *Patria*.[156]

---

[156] "Entrevista con el General Máximo Gómez", en *Patria*, La Habana, 8 de abril de 1900. Véase de Yoel Cordoví: *Máximo Gómez: utopía y realidad de una república*, La Habana, 2003.

SER O NO SER:
ESPACIOS DE NEGOCIACIONES

Las causas de la división a la que se refería el Generalísimo fueron múltiples y no me detendré en ellas.[157] Solo quisiera llamar la atención de los espacios que gana el elemento conservador al empezar a cubrir las áreas de convergencias de la ideología liberal. No le era muy difícil. Al terminar la guerra, muchas de las preocupaciones de quienes optaron por la violencia para independizarse de España eran las mismas que mantuvieron en todo momento los contrarios a la revolución. Unos y otros habían sostenido concepciones de lo que era la nación y el patriotismo; diferentes, claro está, pero concepciones al fin que no renunciaban, en ninguno de los casos, a las ideas del progreso y de la modernidad.

Tanto para los liberales conservadores como para cierto sector importante del liberalismo radical, al desaparecer la prioridad política de la ruptura colonial con España, como opción triunfante, el problema principal que quedaba sobre el tapete de la reconstrucción posbélica estaba relacionado con la problemática económica y, particularmente con los vínculos a establecer en materia comercial con

---

[157] Véase Ibrahim Hidalgo de Paz: *Cuba 1895-1898. Contradicciones y disoluciones*, La Habana, 1999 y de Yoel Cordoví: *La emigración cubana en Estados Unidos...*, 2012.

Estados Unidos. No sería casual que un órgano representante del conservadurismo como *La Lucha*, declarara en 1901: "¡Quién había de decir que los revolucionarios cubanos acabarían por clasificarse en dos grandes grupos: uno que mira hacia el Norte; otro que sigue con la vista fija en su tierra natal!"[158]

Desde luego, la intervención y posterior ocupación militar de la Isla por Estados Unidos complejizaba, aún más, los debates entre las distintas corrientes y tendencias de pensamiento. A finales del siglo XIX e inicios del XX, la expansión colonial se había colocado en el centro de las relaciones políticas de las grandes potencias. Este acercamiento territorial, resultado lógico de la mundialización de la política exterior y del desarrollo tecnológico en renglones como la comunicación y el transporte hubo de influir en la cosmovisión del individuo moderno con sus inquietudes por la libertad, así como por el crecimiento de las riquezas y los avances en las innovaciones.

Tales relaciones entre pueblos de distintas culturas y desarrollo aparecían avaladas por el peso demoledor de los presupuestos teóricos racistas que aderezaban la hegemonía. Pero, al mismo tiempo, dentro de los territorios coloniales y de escaso desarrollo quedaba siempre latente, a manera de interrogante, la posibilidad de acceso a los elementos constitutivos de la modernidad, en sociedades carentes de factores económicos y de condiciones para revertir su estatus, o, de lo contrario, qué papel desempeñarían dentro de los marcos de ese proceso.

---

[158] "Nuestros comisionados en Nueva York", en *La Lucha*, La Habana, 25 de octubre de 1901.

Consciente de este dilema, Enrique José Varona, al referirse al problema de la independencia a finales de siglo, la definía como "concepto movedizo". Esa independencia, según las observaciones del intelectual cubano, estaba limitada por la "interdependencia"; la cual definía como una nueva noción elaborada "a medida que se han acercado las distancias entre los pueblos y la civilización ha ido asimilando las costumbres e imponiendo necesidades comunes."[159]

Desde luego, este acercamiento de los pueblos al que se refería Varona presentaba una connotación singular en el ámbito de las relaciones entre las potencias mundiales y las colonias y estados pobres, que llegaban a la alborada del nuevo siglo con una dependencia económica y política muy fuerte. El incremento del intercambio comercial y el control de las finanzas en las áreas de escaso desarrollo ataban de pies y manos a las débiles burguesías en estos países. Las tesis euro centristas que reafirmaban la "miseria zoológica" del Nuevo Mundo y de los espacios coloniales en general, así como los debates entre los partidarios de las teorías de De Pauw[160] y los

---

[159] Enrique José Varona: "La lección del Transvaal", en *Cuba y América*, La Habana, 20 de octubre de 1899, p. 6.

[160] Con la obra del abate Corneille de Pauw: *Recherches philosophiques sur le Américains, ou Mémoires intéressants pour servir á l´histoire de l´espéce humaine*, Berlín, 1768, la denigración contra los "salvajes de América" llegó a su extremo. Durante el siglo XIX, la obra fue punto de referencia, tanto para los detractores, como para los defensores de la capacidad del hombre americano y, particularmente, del latinoamericano. Citado por Antonello Gerbi: *La disputa del nuevo mundo. Historia de una polémica 1750-1900*, Fondo de Cultura Económica, México, 1960, p. 49.

defensores del "buen salvaje", reflejaban, en el terreno de las ideologías, el gran conflicto que emergía de la expansión y del reparto territorial, como algunas de las expresiones del fenómeno imperialista.

Hacia finales de la década de 1880, las teorías racistas, como legitimadoras de la expansión, cobraban auge en Estados Unidos. En ese período, Josiah Strong, misionero protestante, publicaba *Our country* y proclamaba a la raza anglosajona como "la raza elegida por Cristo" para civilizar al mundo; Brooks Adams, aplicaba las leyes físicas a la historia e introducía la noción de "energía acumulada", que no podía liberarse por otro medio que no fuera la expansión; Frederick Jackson Turner, teórico de la "frontera", hacía valer la doctrina expansionista como necesidad geopolítica, y el gran ideólogo, Alfred T. Mahan, publicaba en 1890 el ensayo, *The U.S. looking Out ward*, y su obra capital, *The influence of Sea Power upon History*, trabajos estos recogidos en una edición francesa con el título, *Le Salut de la Race blanche et l'Empire des Mer*, y con el prefacio del profesor del Colegio de Francia, Jean Izoulet, conocido por sus concepciones sobre la función prominente de las élites.[161]

La difusión de estas teorías, en un contexto marcado justamente por la "invasión" de enormes sumas de capitales, dirigidas tanto a la compra de tierras, minas, bancos, comercios y transportes, como destinadas también a préstamos o empréstitos, hacía

---

[161] Citado por Jean Lamore, "Historia y "biología" en la "América mestiza" de José Martí, en *Anuario del Centro de Estudios Martianos*. No. 2, La Habana, 1979.

que la interdependencia a la que aludía Varona se expresara con más rigor como dependencia, ajustada en su forma a los engranajes del imperialismo, con la consecuente acentuación de las atávicas deformaciones estructurales.

En el caso de Cuba, estas relaciones de dependencia se articulaban de acuerdo con la tipicidad que le confería, por una parte, su estatus colonial y la devastación de sus riquezas por la burguesía hispana en su proceso de acumulación, y, por otra, su incorporación al mercado internacional y en especial, los vínculos establecidos con la vecina nación norteña. Tales realidades encauzaban y reservaban el mercado cubano como excelente abastecedor de materias primas.

Con el fin de las hostilidades, España perdió su centenaria situación preferencial en el mercado insular, mientras los Estados Unidos, en su carácter de "aliado" y "protector", adaptaban el andamiaje de dominación sobre una Isla que transitaba de forma violenta por los derroteros de la dependencia. Así, quedaba trunca la dinámica de un proceso de liberación autóctono, al tiempo que ante los ojos del mundo se erigía desde su pedestal jurídico el Tratado de París entre España y los Estados Unidos.[162]

El enclave insular, y particularmente Cuba, revestía una especial importancia geopolítica a tener en

---

[162]El Tratado de París fue firmado entre España y Estados Unidos el 10 de diciembre de 1898. Con él, la metrópoli española renunciaba a su soberanía sobre la isla de Cuba que a partir de ese momento quedó ocupada militarmente por los norteamericanos. Véase el texto del Tratado en Hortensia Pichardo: *Documentos para la historia de Cuba*, La Habana, 1984, pp. 540-546.

cuenta dentro de la armazón imperial, además de otros móviles económicos e ideológicos que incidían en la toma de decisiones. Al margen de las diversas estrategias de dominación -tendientes en la mayoría de los casos a la anexión- las referencias a la población antillana mantenían el tradicional enfoque peyorativo. Las alusiones iban desde el "infantilismo" de los cubanos, como "niños de la civilización latina",[163] hasta expresiones que tienen sus orígenes en lo más selecto de las diatribas europeas del siglo XVIII con relación al continente americano. Al decir de George M. Barbour, comisionado sanitario en Santiago de Cuba, los cubanos "son estúpidos, dados a las mentiras y todo lo hacen mal..."[164]

A diferencia de las concepciones políticas en las esferas de poder en Estados Unidos, partidarias como tendencia de la anexión de la ex colonia insular, en Cuba, la independencia y la creación del estado nacional eran principios compartidos por la inmensa mayoría del pueblo y su dirigencia. El problema estaba entonces en los modos de enfrentar la situación de crisis existente, aspecto éste que en su esencia era la continuidad de debates y esfuerzos anteriores por alcanzar márgenes arancelarios favorables al renglón azucarero en el mercado norteamericano. La diferencia ahora estribaba en que cualquier discusión debía partir de la realidad de un territorio

---

[163] Citado por Emilio Roig de Leuchsenring: *Historia de la Enmienda Platt, una interpretación de la realidad cubana*, La Habana, 1979, p. 47.

[164] Citado por Louis A. Pérez: *Cuba between empires 1878-1902*, University of Pittsburgh, Pittsburgh, 1983, p. 272.

ocupado, sin un gobierno legítimo o autoridad que representara sus intereses.

Para ciertos elementos la solución al problema económico estaba en la anexión. Uno de los documentos más representativos de esta tendencia, titulado Cuba libre: independencia o anexión, escrito supuestamente por Francisco Figueras llamaba la atención sobre las nefastas consecuencias que traería para la Isla la aprobación de posibles recargos arancelarios por el Congreso estadounidense, presionado por los productores de su país ante los estragos de las producciones de Puerto Rico, Filipinas y de otras dependencias de Estados Unidos. De ahí la pregunta: "¿Qué haremos entonces con nuestra azúcar y con una gran parte de nuestro tabaco?"

Para evitar esa posibilidad estaba la anexión, en tanto opción capaz de convertir con un golpe de efecto favorable las industrias cubanas en industrias norteamericanas. Las ventajas inmediatas convertirían sus productos "tan domésticos y por ende tan digno de protección, como el trigo de Minnesota, el maíz de Kansas, el algodón de Georgia, el petróleo de Pennsylvania y las frutas de California".

En el plano político, el cuestionamiento a la capacidad del cubano para gobernarse, sin reproducir en su práctica los anquilosantes moldes de las repúblicas Latinoamericanas, continuaban siendo la tónica de este discurso. El documento, en tal sentido, era bastante explícito. La herencia colonial en todos sus órdenes obstaba la atención adecuada de asuntos tan determinantes para el gobierno propio como podían ser las relaciones internacionales, la defensa común, el comercio y la navegación, entre otras prioridades de política interna.

El sentimiento anti anexionista imperante en la inmensa mayoría de la población cubana y sus líderes revolucionarios, el recelo por los sectores populares y sus posibles actitudes ante el poder, y el desconcierto y escepticismo ante lo inédito, harían cuajar, desde los propios años de la guerra, un interés en determinadas figuras por la tutela a manera de protectorado que garantizara el orden y la estabilidad en el cambio.

El protectorado funcionó como fórmula intermedia que daba al cubano un margen de prueba, más o menos prolongado, para ser "educado" y "entrenado" en el ejercicio del poder. Los resultados iban a determinar el destino definitivo de Cuba, bien como protectorado permanente o bien en su variante transicional. En el último de los casos, la transición podía efectuares hacia la anexión o hacia la independencia.

Entre los detractores del protectorado en sus variantes transitorias se encontraban algunos de los anexionistas. Según el documento *Cuba Libre: Independencia o anexión*, los que así pensaban estaban equivocados, y "por emprender por el atajo" se arriesgaban a transitar por una senda "tan divergente a su propósito" que corrían el riesgo "de llegar muy tarde, o tal vez de no llegar nunca, al término de su jornada". El texto era enfático: "no sería aventurado el predecir que antes de adquirir la experiencia necesaria para su manejo habríamos roto el organismo, hiriéndonos con sus fragmentos". La transición para estos anexionistas debía realizarse dentro de la nación norteamericana como *territorio*, estatus conferido a las comunidades políticas en formación, y de ahí, luego de "despañolizarse", entrarían a constituirse como estado federal de la gran nación.

Sin embargo, como alertara Comyns Lyall en la *Enciclopedia jurídica española*, el transferir el ejercicio de determinadas funciones de la soberanía a otra nación a través del protectorado, no es más que "un medio de obtener diversos grados de poderío sin afirmar una jurisdicción completa". En otro momento advertía: "Frecuentemente el establecimiento de un protectorado es la preparación de una anexión futura o el aplazamiento de una conquista.[165]

Consciente estaba Manuel Sanguily de su significado cuando al enfrentar lo que llamó "la solución híbrida", consideraba que era "desear la independencia con el protectorado americano". Según sus palabras, era una quimera "que nos llevaría forzosamente a la anexión en cuanto dejemos desarrollar la acción protectora, o la rebelión en busca de la independencia si creyéramos "nuestro" deber estorbar aquel desarrollo."

Entre las figuras representativas del protectorado transicional a finales del siglo XIX se encontraba Estrada Palma. Su pensamiento al respecto mostraba ambigüedad en sus definiciones teórico-prácticas, oscilante en los límites posibles del protectorado transitorio. En la medida que sus percepciones sobre la realidad cubana cambiaran y sus ojos avizoraran problemas capaces de poner en peligro las "cordiales" e íntimas" relaciones con

---

[165]. Definiciones de Comyns Lyall en la *Enciclopedia jurídica española*. t. XXVI, Francisco Selx, Editor, Barcelona, 1910, pp. 281-282.

Estados Unidos, entonces el péndulo de las opciones *estradistas* comenzaba también a girar.

Hacia finales de 1898, las ideas del Delegado con relación a la necesidad del protectorado revelaban sus contornos más definidos. En carta a su joven amigo y también confidente Domingo Méndez Capote, el maestro del Central Valley exponía:

No se pasa de la esclavitud a la libertad, no se limpia en un día la lepra de los malos hábitos arraigados por el ejemplo corruptor durante centurias, ni es posible adquirir por arte de magia las costumbres de un pueblo libre que surgen de las virtudes del ciudadano. Tiempo requiere el aprendizaje y si este queda sujeto al arbitrio de nuestro pueblo, mucho temo que no se produzca el resultado apetecido...

Con un protectorado temporal, según Estrada Palma, acudirían a Cuba los capitales extranjeros que el país necesitaba "para su reconstrucción y para el desenvolvimiento de sus riquezas naturales". De no ser así, de no haber garantía de estabilidad para los negocios, tampoco iba a existir el suficiente incentivo para estimular las inversiones en el suelo cubano. De ahí la pregunta: "Y si de fuera no van los empresarios de ferrocarriles, los de obras públicas de gran importancia y los capitales indispensables para el fomento de ingenios, explotación de minas, etc., ¿cómo podríamos dar trabajo a nuestra masa de obrero y a nuestro pueblo en general?"

La tendencia del protectorado ganó adeptos al iniciarse el período de ocupación militar, especialmente entre los emigrados cubanos. El impacto de la situación económica en todas las esferas, la desunión reinante y la presencia del ejército interventor, suscitaron desplazamientos significativos en medio de la aguda confrontación de ideas.

Partidarios tan verticales de la república independiente, como era el general Emilio Núñez Rodríguez, jefe del Departamento de Expediciones y veterano luchador por la independencia de Cuba, pondrían en dudas la viabilidad del gobierno propio. El 2 de enero de 1899, el general Núñez confiaba a Gonzalo de Quesada, en carta desde la Habana, la transformación que sufría su espíritu ante la realidad que enfrentaba y que temía que su "credo político" sufriera "modificaciones radicales". A finales de ese mes, después de su arribo a Filadelfia, remitía a Quesada sus criterios sobre la imposibilidad de que Cuba realizara "sus justas aspiraciones", pues: "otras tendencias se manifiestan a diario en aquel país que por educación y por circunstancias parece condenado a vivir bajo tutela o caer en el desgobierno en que viven las Repúblicas Hispano-Americanas."

Si bien estas posiciones fueron minoritarias a la hora de ventilar los posibles márgenes de independencia dentro de las relaciones económicas a establecer con Estados Unidos, tampoco la intransigencia fue la tónica imperante. Entre la transigencia y la intransigencia prevaleció en todo momento una posición tendiente a las negociaciones, aun cuando ante determinada postura de las autoridades estadounidense contraria al sentimiento nacionalista del pueblo cubano la intransigencia subía de tono. El hecho de que primara la tendencia a las negociaciones, tanto por los liberales radicales como por los propios demócratas radicales, convencidos de la imposibilidad, en aquellas circunstancias, de un enfrentamiento armado con la nación ocupante, ofrecía un terreno propicio al conservadurismo para mantener el orden de sus agendas de problemas en los marcos de la estabilidad política con la nación de la que dependían sus posibles soluciones.

Pero las negociaciones no tendrían como único eje a Estados Unidos, para algunos miembros de la elite intelectual, el peligro de "absorción", siempre latente, obligaba a estrechar los deteriorados lazos espirituales que ataban a Cuba con su Madre patria y para la inmensa mayoría el pueblo cubano era el depositario de esas tradiciones. El pan hispanismo en contraposición a otras corrientes extendidas en América y Europa como la "americanización", el "germanismo" y el "afrancesamiento", se presentaba como el portador de los ideales de defensa de las "nacionalidades hispanas." Corriente ésta que trascendía los marcos de relación entre la isla y su ex metrópoli para ubicarse dentro de uno de los problemas de debate a escala continental e incluso mundial.

Ante las estrategias imperiales de "alterar" las costumbres y de deformar los hábitos, incitando al olvido del "yo" en una especie de "amnesia social", capaz de borrar un contexto de significados, se imponía la unidad de la autoconciencia o de las identidades. La conciencia local o regional se afianzaba a pesar de las transacciones que imponían la época, pero ante las nuevas ofertas simbólicas emanadas de la guerra, y que incluían, desde luego, los aportes de la influencia norteamericana, la tendencia era asegurarse en la tradición y asumir dentro de los significados los motivos "nacionales".

Desde la perspectiva de una autoconciencia nacional, que delimitaba una cualidad cultural superior en la integración al etnos cubano, el enfrentamiento a las ofertas culturales de otras procedencias ajenas a su matriz, asumía rasgos característicos. La cotidianidad empezaba por eclipsar aquellos códigos no identificables, y, en el caso de incorporaciones, estas se remitían a la base; la nutrían, pero no la transformaban. A manera de ejemplo, sirva el comentario siguiente de la profesora Marial Iglesias: "En materia de comida festiva, los pavos rellenos no lograron desplazar nunca al tradicional lechón asado de Noche Buena y no fue hasta mucho más tarde que Santa Claus comenzó a hacerle sombra a los Tres Reyes Magos en el imaginario infantil..."[166]

Entre los códigos que históricamente conformaban esa comunidad cultural, y que ante fenómenos adversos funcionaba como poderoso agente cohesionador, se encontraba el idioma. Sin dudas, ese era uno de los elementos más significativos en la contención a una posible "americanización" de la Isla y un

---

[166] Para un estudio detenido de estas manifestaciones culturales y el proceso de negociaciones ante la influencia cultural norteamericana, véase Marial Iglesias: "LAS POLITICAS DE LA CELEBRACION: fechas católicas, yanquis y patrióticas en la Cuba de la intervención norteamericana (1898-1902)", Ponencia presentada en la Conferencia Anual de la Asociación de Historiadores del Caribe, La Habana, 11-17 de abril de 1999 y *Las metáforas del cambio en la vida cotidiana: Cuba 1898-1902*, Ediciones Unión, La Habana, 2003.

punto de mira para quienes enfrentaban la posibilidad de existencia de una personalidad propia. El apoyo a los planes de instrucción del Gobierno interventor, encaminados a proporcionar el conocimiento del idioma inglés hasta convertir al pueblo cubano en "bilingüe"[167], no era en ningún modo un hecho aislado o casual.

Si bien para importantes figuras del sector más radical del independentismo el conocimiento del inglés y de otros idiomas era esencial para la cultura de un pueblo, ello no implicaba como dijera el novelista Ramón Meza: "ni siquiera el eclipse de su sagrada personalidad"[168]. El propio Máximo Gómez se había interesado en las gestiones de José López Rodríguez, autor y editor del libro *El inglés sin maestro*. A Gómez le interesaba su publicación y tenía sus razones: "así de forma práctica y sencilla se facilita el estudio de los idiomas, saliéndose del antiguo molde, largo y complicadísimo a veces."[169]

La identidad cultural en Cuba aparecía vertebrada a partir de la prominencia del español como idioma oficial de la colonia; de la toma de conciencia con respecto a esa lengua como idioma nacional, y de su consolidación a través de las numerosas corrientes

---

[167] Véase el artículo "Transformaciones", en *La Lucha*, en La Habana, 18 de febrero de 1902, p. 2.

[168] Ramón Meza: "Cómo piensan el español y el cubano respecto al norteamericano", en *Patria,* Nueva York, 20 de agosto de 1898.

[169] Máximo Gómez: "Carta a José López. Rodríguez", 12 de abril de 1898, en Archivo Nacional de Cuba: *Fondo Máximo Gómez,* Legajo 20, no. 2894.

de inmigración española. La confluencia de múltiples culturas y de componentes lingüísticos, sumaban nuevos rasgos al rostro mestizo; jugueteaban incesantemente en espacios, a veces diferentes, en ocasiones convergentes, y se confundían en un laberinto cuyas sendas, aún las prohibidas, conducían a una nueva dimensión cultural, o a un nuevo ente histórico y social: el cubano, identificado en su diversidad con un idioma: el español.[170]

Imposible renunciar, en esa multiplicidad, a los cuerpos léxicos emanados del "bombardeo" cultural, con el consiguiente entrelazamientos de indoamericanismos, subsaharanismos, anglicismos, galicismos, italianismos, etcétera, de la misma forma que resultaba lógico el proceso de mestizaje biológico y cultural. El problema de la unidad estribaba, según Sergio Valdés Bernal, en que los niveles morfológico y sintáctico de la lengua se mantenían invariables y el mestizaje no propiciaba el surgimiento de nuevas lenguas.[171]

La relación lengua-cultura experimentaba su dinamismo entre los límites de la aceptación y del rechazo. Basta revisar la prensa de la época para encontrar incorporado a los titulares palabras o frases

---

[170] Sergio Valdés Bernal, en su obra *Lengua nacional e identidad cultural del cubano,* Editorial de Ciencias Sociales, La Habana, 1998, presenta el lenguaje en su relación con la cultura como una de las cuestiones más complejas y aún no solucionadas de la lingüística actual. No obstante, el autor concibe la lengua como un "hecho cultural" y apela a la máxima de R. Jakobson de que el lenguaje y la cultura "se implican mutuamente, debiendo ser concebido como una parte integrante de la vida social y estando la lingüística estrechamente unida a la antropología cultural".

[171] Sergio Valdés Bernal: Ob. Cit., p. 13.

del inglés, así como en las crónicas deportivas, donde las reglas del *baseball,* introducido desde los Estados Unidos en la segunda mitad del siglo XIX, mantenía su gramática inglesa. No obstante, las victorias de una novena de Cuba contra una de los Estados Unidos estremecían el estadio. El público vibraba de emoción y, en medio de la euforia, se lanzaba a las calles para festejar el triunfo.

El choteo y el humor popular solían acoger también la lengua de Shakespeare. Así, mediante la construcción de hechos lingüísticos arbitrarios, fueron formadas frases como la de *Lino Dou in the soup,*[172] con el objetivo de dar a conocer el casamiento del bravo general, y de la severidad del nuevo juez norteamericano emergería la copla:

"Ten day, ten dollar
Mister Pitcher no come bola"[173]

Otras veces, el empleo de las construcciones con el idioma español estaba dirigido a reafirmar la personalidad del cubano ante la presencia del ocupante. La obra de teatro, "Cubanos y americanos o ¡Viva la independencia! Revista política en dos actos", original de Olallo Díaz González, publicada en el propio año de 1899, ilustra este contraste. En la escena trece, los doctores que simbolizan al Gobierno de los Estados Unidos, recetan a la enferma Cuba una "píldora de autonomistas de los Doctores Montoro,

---

[172] *El Nuevo Criollo*, La Habana, 23 de diciembre de 1904.
[173] María Poumier: "La vida cotidiana en las ciudades cubanas en 1898", en *Universidad de La Habana*, Nos. 196-197, 2-3-1972, p. 209.

Govín, Labra y Saladrigas". La criada que escucha el recetario advierte que no servía: "necesita un jarabe preparado/ en una especial botica, /con las hojas de machete, / extracto de dinamita/ agua de Máximo Gómez/ y balas de la manigua/. Los doctores mandan a callar a la criada, y Cuba, que se repone, exclama: "¡Eso es lo que me salvaría!".[174]

Sobre esta poderosa base idiomática funcionarían otros elementos que pasaban a integrar y a nutrir las identidades, especialmente los que aparecían asociados al simbolismo del pasado libertador y que tenían su representación más concreta en la bandera cubana, el Himno de Bayamo y el martirologio independentista. La identificación de este patrimonio no solo implicaba el reconocimiento de una personalidad propia en su forcejeo por reafirmarse internacionalmente, sino también en el plano interno se introducía como motivo de enseñanza y de educación a las generaciones más jóvenes, uno de los pilares en que se basaron las distintas estrategias de dominación norteamericana.

Serían de los municipios de donde saldrían propuestas e iniciativas similares a la del ayuntamiento de Sancti Spíritus, consistente en la construcción de mausoleos para depositar los restos de los patriotas caídos en la guerra, o de acuerdos como el del cabildo de Cienfuegos, de considerar días festivos el 24 de Febrero y el 10 de Octubre y días de duelo público los aniversarios de las muertes de

---

[174] Olallo Díaz González: "Cubanos y americanos o ¡Viva la independencia! Revista política en dos actos", La Habana, 1899, en Biblioteca Nacional José Martí, Colección Cubana, *Fondo Manuscritos.*

José Martí, Antonio Maceo, y Calixto García, además del 27 de Noviembre, en conmemoración del fusilamiento de los estudiantes de medicina[175].

El significado de la bandera, símbolo del gran cambio gestado desde 1868, no sólo político e ideológico, sino también cultural, en su acepción más amplia, se ubicaba en el contexto de inicios de siglo XX entre los puntales en el enfrentamiento de ideas. En este sentido, resulta sugerente la misiva que Máximo Gómez dirigiera al patriota puertorriqueño Sotero Figueroa, en 1901, donde advierte sobre la necesidad de preservar lo que aún quedaba de la etapa libertadora: "su Historia y su Bandera".[176]

La poesía fue una de las expresiones más significativas de este sentimiento. A escasos días de firmado el Tratado de París, José González Curbelo, recitaba en un mitin celebrado en Artemisa su poema, "A la bandera invasora cubana": "Mi frente altiva ni ante Dios se humilla; /le basta mi santuario de conciencia; /pero ante ti se dobla mi rodilla; / primera postración de mi existencia. /".[177]

---

[175] Acta de Sesiones del Consejo Municipal de Cienfuegos, 2 de enero de 1901.

[176] Máximo Gómez: "Carta a Sotero Figueroa". Calabazar, 8 de mayo de 1901, en Emilio Rodríguez Demorizi: *Papeles dominicanos de Máximo Gómez*, Editora Montalvo, República Dominicana. 1954, p. 396.

[177] José González Curbelo: "A la bandera invasora cubana", en Juan J. Remos Rubio: "La bandera en la emoción de nuestros poetas", Discurso leído en la sesión solemne a nuestra enseña nacional, Cárdenas, 11 de abril de 1950, La Habana, 1950.

A partir de la ocupación militar, la bandera se convertiría en símbolo de reafirmación de la personalidad cubana, en tanto motivo patriótico y también de enseñanza a las generaciones más jóvenes. Conocidas son las estrofas de Bonifacio Byrne y de Manuel Hernández Miyares, referidas al significado de la enseña nacional, pero en menor medida lo son los octosílabos de Dulce María Borrero dirigidos a un niño: "Ámala y aprenderás/ a bendecir el pasado/ Cuanto heroísmo callado/ en él descubrir podrás/" o el soneto de Patria Tió de Sánchez de Fuente, titulado "La Jura de la bandera", con similares pretensiones a la de Borrero: "Jura, niño, constante/ con noble devoción, con alma fuerte;/ aprende a respetarla, de tal suerte,/ que no desmayes nunca en sostenerla/", y concluía: "Si la amenazan, yérguete y avanza/ a contener con mano justiciera/ a quien, osado, a herirla, se abalanza!/". [178]

Teniendo en cuenta su significado, a la hora de decidir cuál de las banderas quedaría en el asta, los contrarios al establecimiento inmediato de la república independiente iban a minimizar el significado del símbolo, contraponiéndolo a lo que consideraban los requisitos para alcanzar la prosperidad material como verdadera razón patriótica. Para Alberto C. Vila, en unos de sus discursos en el Liceo de Cienfuegos, la solución a la pavorosa situación dependía de la solución a la disyuntiva de las dos banderas existentes, que representaban, "por ironía de la suerte, el mismo ideal", pero alegaba: "la una es ri-

---

[178] Las referencias de estos poemas aparecen citadas en "Cubanos y americanos. Revista política en dos actos", Ob. cit.

queza, la otra es miseria". Había que escoger entonces cual debía quedar "en el asta soberana", o, en
otras palabras, qué alternativa posible asumir ante
los destinos de la Isla: "el ideal sin pan, o el pan sin
ideal."[179]

Los mismos razonamientos explican la reacción de
algunos artículos publicados en el periódico *La Lucha*
ante el escrito de Enrique Collazo, "La bandera
española", publicado en *La Nación*. A la exaltación
que hiciera este autor de las banderas cubanas y
españolas como expresión de la necesaria "unidad
hispana", contra la bandera "insolente y despótica" de
la intervención, se enfrentaba un editorial con el
título "Banderas, banderines y banderillas". El texto
no dejaba de reconocer las ideas "nobles y generosas"
del autor de *Desde Yara hasta el Zanjón*, pero
agregaba que ninguna de esas banderas -cubanas y
españolas -"a pesar de su hermosura", tenían medios
ni fuerza bastante para resolver satisfactoriamente lo
que afectaba a la vida nacional, y concluía: "Con
sentimiento sólo no viven ni los individuos ni los
pueblos".[180]

Se trataba del contrapunteo simbólico del "pan" y los
"sentimientos" en desafío a la dinámica de posguerra.
Mientras que para el citado editorial de *La Lucha* no
bastaban los sentimientos para poder sobrevivir en la
encrucijada política que definía el ser o el no ser de la

---

[179] Alberto C. Vila: "La influencia americana en Cuba", Conferencia en el Liceo de Cienfuegos, 26 de febrero de 1899,
con motivo de los festejos al Ejército Libertador, Imprenta
B. Valero, Cienfuegos, 1899.
[180] "Banderas, banderines y banderillas", en *La Lucha*, La
Habana, 27 de enero de 1902.

personalidad cubana, para figuras como el ex autonomista Luis Estévez y Romero, el problema había que verlo desde otro punto de vista:

Dicen los anexionistas que con Cuba independiente ha de tardar tanto el bienestar material en Cuba y que en cambio ha de venir tan pronto con Cuba anexada... En el evangelio hay unas palabras que vienen aquí de molde: 'No siempre de pan vive el hombre (...)' ¿Qué sería el bienestar material en Cuba sin el bienestar moral?[181]

Inmersos en estas contradicciones se debatían las posibilidades de existencia de la personalidad cubana. ¿Hasta qué punto podía ceder el cubano a la nación ocupante y al mercado del cual dependían sus productos, para enrumbar su destino por los derroteros de las naciones modernas? Esta era, sin dudas, una de las principales interrogantes del momento. En ocasiones, se trató de apelar a un discurso conciliador entre el simbolismo extremo del contrapunteo:

[...] si bien sigue (Cuba) en espíritu a Ariel necesita sacrificar algo a Mercurio para que la prosperidad material de la patria, unida a nuestro idealismo, nos permita seguir la marcha de la civilización universal. Somos idealistas y somos prácticos, somos soñadores y somos activos: la ponderación entre estas dos cualidades es la que nos hará grandes.[182]

---

[181] Luis Estévez y Romero: "Separatismo, anexionismo y autonomismo", 1898, en ANC: *Fondo Delegación del Partido Revolucionario Cubano en Nueva York,* Caja 90-S.
[182] Calixto Whitmarsh: *Algo sobre Cuba*, Santiago de Chile, 1923.

En cambio, para otros, el lado "sentimental" o "espiritual" comenzaba a ser cuestionado. Algunos verían en el espejo de su existencia antaños vínculos dirimidos por un conflicto, y ante sí, la augusta presencia de la nación sajona y la posibilidad, más cercana que nunca, de convertir los inmanentes sueños de las relaciones comerciales en verdad incuestionable.

La relación directamente proporcional entre las variables "desarrollo económico" y "modernidad" en Cuba con sus vínculos de dependencia al mercado norteamericano, penetraba los más disímiles enfoques de una realidad reconocida en su complejidad por personalidades de las más distintas tendencias. El punto de inflexión residía en el modo de enfrentar los niveles de prioridades en la agenda de problemas a debatir y, por tanto, en el reto que se derivaba de los vínculos de dependencia, cuya resultante habría de ser la relación independencia/ modernidad.

Es necesario situarse en el contexto de discusión y aprobación de la Enmienda Platt, como un momento significativo para la comprensión de estos rejuegos de posiciones. Resulta imposible lograr una aproximación al problema a partir de la tradicional escisión de los implicados en el asunto en dos bloques, diferenciables según su supuesta proyección ante el espíritu injerencista que animaba el texto de la Enmienda y el pensamiento de sus propulsores. Los términos "platistas" y "no platistas", como los árboles apenas dejan ver el bosque. El desconocimiento de la manera de pensar de cada uno de los 33 constituyentes y las condiciones, internas y externas, que agitaban el entorno de discusión dejan abierta una serie de brechas, susceptibles de colocar al analista en el abismo de la incomprensión.

Hay que tener presente, en primer lugar, que votar a favor o estar en contra de la Enmienda Platt, en aquellas circunstancias, no significaba necesariamente la credencial segura de opositor a la dependencia de los Estados Unidos. El hecho de que el Gobierno de Washington presionara a favor de la aprobación del texto en su versión íntegra, y que antepusiera este acto como condicionante a la retirada de las tropas norteamericanas, abría un margen de maniobra para que quienes fueran partidarios de su permanencia se inclinaran por el voto negativo a la Enmienda, como sinónimo de continuidad de la ocupación.[183] Así mismo, en su versión contraria, votar a favor, tampoco acuñaba ciegamente credenciales a favor del injerencismo norteamericano en Cuba. Partiendo del enfoque anterior, acoger el documento, o sea, "ser platista", podía ser la única vía de lograr la retirada del Gobierno de ocupación, en un tiempo breve, con el consecuente establecimiento de la República.[184]

---

[183] Son sugerentes los testimonios de Rafael Martínez Ortiz referidos al mitin de protesta celebrado en el teatro Payret, el 29 de mayo de 1901. Según este autor, en medio de una concurrencia impresionante alzaron sus voces hombres de gran talento, pero nunca simpatizantes con la revolución. Todos ellos, a pesar de su pasado político, arremetieron con vehemencia contra los constituyentes que habían aceptado la Enmienda Platt. Véase Rafael Martínez Ortiz: *Cuba los primeros años de su independencia*, París, 1929, t I, pp. 308-309.

[184] Tal es el caso de Manuel Sanguily, quien advirtiera que de rechazar la Enmienda continuaría el poder militar

De hecho, los únicos constituyentes que votaron desde el primer momento por la aprobación total de la Enmienda fueron los delegados Joaquín M. Quílez, miembro prominente del Círculo de Hacendados y el ex autonomista Elíseo Giberga. Las sesiones de debates, desde la airada protesta de Sanguily y su propuesta de disolución de la Convención, pasando por la elección y los trabajos de la Comisión en Washington, hasta la aprobación definitiva del texto, se caracterizaron por ser extremadamente tensas para hombres que no estaban sólo ante sí mismo, sino ante la Historia, y a esta, llegado el momento, le tocaría juzgarlos. Preferiría, por tanto, asumir este proceso no a través de la distinción de los calificativos expuestos, sino a partir de la dinámica de posiciones entre las inestables facciones de "irreconciliables" y "transigentes", según calificativos del periodista Manuel Márquez Sterling, y del comportamiento de ambas de acuerdo a los niveles de imposiciones del Gobierno de Washington.[185]

---

dominador y absoluto por un tiempo indefinido. Solo dos caminos veía Sanguily: se rechazaba o se aceptaba todo, so pena de no ver realizado lo que se deseaba: la independencia de Cuba. Con relación al artículo III, el más polémico en los debates, tanto en Cuba como en los Estados Unidos, Sanguily alegaba: "Estatúyase o no nadie puede negar que podrían ejercerla los americanos cuando quieran, pues tienen la fuerza para ello. Un tratado no podía hacer otra cosa que definirla, determinarla y por tanto limitarla." Citado por Emilio Roig de Leuchsenring: *Historia de la Enmienda Platt, una interpretación de la realidad cubana*, ed. Cit., p. 152.

[185] Manuel Márquez Sterling: *Proceso histórico de la Enmienda Platt. (1897-1934)*, Imprenta "El Siglo XX", La

Desde luego, las brechas expuestas y los posibles enfoques "ocultos" de los constituyentes ante la aprobación de la Enmienda no niegan la existencia de concepciones definidas en torno al asunto. Para lo más selecto del pensamiento radical del independentismo -y pongo como ejemplo a Máximo Gómez- el texto impuesto significaba la "eterna licencia convertida en obligación para inmiscuirse los americanos en nuestros asuntos" y hacer de la independencia "un mito"[186] En la misma dirección enfatizaba el delegado Juan Gualberto Gómez, cuando al impugnar en su ponencia el texto del apéndice constitucional, advertía que se trataba de entregar "la llave de nuestra casa", para que pudieran entrar a cualquier hora y con cualquier objetivo. [187]

Otros, por su parte, partían de una percepción conformista o de una interiorización consciente del papel a desempeñar por los países pobres en el contexto mundial. Como advirtiera Martín Morúa Delgado, la Ley Platt ubicaba la independencia y la soberanía de Cuba "en el repartimiento

---

Habana, 1941, p. 173. Véase también el trabajo de Sergio López y Francisco Ibarra: "Sobre transigentes e intransigentes en la Cuba ocupada, 1898-1902", en *Islas e Imperios*, Universitat Pompeu Fabra, Departament d'humanitats, Barcelona, 1999.

[186] Máximo Gómez: "Porvenir de Cuba" (s.a), en ANC: *Fondo Máximo Gómez,* Legajo 22, No. 3081.

[187] "Ponencia de Juan Gualberto Gómez, miembro de la comisión designada para proponer la respuesta a la comunicación del Gobernador Militar en Cuba", en Emilio Roig de Leuchsenring (Compilador): *Por Cuba Libre. Juan Gualberto Gómez*, Editorial de Ciencias Sociales, La Habana, 1974, p. 486.

internacional". En esencia, la limitación era, a juicio del líder negro, "la limitación de todos los pueblos débiles adyacentes a pueblos poderosos".[188]

El mismo razonamiento aparecía en un editorial publicado en *La Lucha*, en el cual se afirmaba que con la Enmienda Cuba lograría su independencia, pero como la que tenían en el mundo moderno, y habían tenido en todos los tiempos los pequeños estados, y ponía como ejemplo a Portugal que era independiente y sin embargo, allí no se movía una hoja sin el beneplácito del Gobierno inglés". Según ese editorial, la única condición para la independencia era mantener "un gobierno fuerte y estable, capaz de garantizar el orden, la vida y la hacienda de los ciudadanos"[189]. Mucho más incisivo era *El Nuevo País*, antiguo vocero de los intereses autonomistas:

Independientes son las tribus errantes del desierto de Sahara, independientes son Santo Domingo y Haití, independientes se dicen Venezuela, Colombia, Guatemala, Costa Rica y Ecuador. ¿Es esa la independencia que quieren los radicales? El derecho de asesinarnos recíprocamente en campos y poblados para elegir un déspota a quien llamen Presidente por eufemismo.[190]

Detrás de muchas de estas consideraciones relacionadas con la Enmienda y su significado dentro del entretejido de fuerzas en el entorno mundial, se

[188] Martín Morúa Delgado: "Consideraciones sobre la Ley Platt, en *Cuba y América*, No. 4, La Habana, 29 de diciembre de 1901, p. 43.
[189] *La Lucha*, La Habana, 4 de julio de 1901.
[190] Citado por Rufino Pérez Landa: *Vida pública de Martín Morúa Delgado*, La Habana, 1957, pp. 163-164.

ocultaba lo que defino como los "niveles de prioridades". Mientras el antiguo General en Jefe del Ejército Libertador advertía que el establecimiento de la República era lo primero, lo esencial y al efecto buscaba el apoyo de importantes figuras - fundamentalmente del disuelto cuerpo militar- para lograr sus propósitos, en múltiples artículos, folletos y conferencias, el mensaje, en esencia, difería mucho. El "centro de gravitación" del porvenir de Cuba -hacia el que había que converger en aquellas circunstancias, como dijera Tomás Mederos, en su apología a la Enmienda Platt- era "la vida económica" y, específicamente, garantizar "un mercado seguro" [191]

Resulta lógico que las corporaciones económicas concibieran la aceptación de la Enmienda como cuestión de vida o muerte. La reconstrucción de posguerra y la sobrevivencia del nuevo ser- al margen del estatus futuro- no podía desconocer la presencia hegemónica del mercado norteamericano y tampoco su política. En el Círculo de Hacendados, la voz del directivo Manuel Froilán Cuervo -contrario a la aprobación del artículo III de la Enmienda Platt y a la idea del protectorado- apenas tenía resonancia[192]. Desde los más recónditos rincones del cónclave se

---

[191] Tomás B. Mederos: *La Enmienda Platt, como la consideramos para el presente y porvenir de Cuba*, La Habana, 1901, p. 6.

[192] De llegar a establecerse el protectorado, advertía Manuel Froilán Cuervo, "tendríamos que despedirnos de la esperanza de llegar a ser ricos, porque nadie ha de venir a darnos, sino a quitarnos", Manuel Froilán Cuervo: "Proyecto de Reconstrucción del País", 20 de septiembre de 1900, en *Revista de Agricultura*, La Habana, 15 de octubre de 1900, p. 18.

podía respirar una atmósfera cargada de espíritu de aprobación con una sola condicionante: establecer las relaciones económicas con los Estados Unidos, mediante un tratado comercial. Alberto Broch y Octavio E. Davis, encabezaban un grupo que opinaba que debía rechazarse la Enmienda, mientras no quedaran aclaradas las relaciones económicas que deben tender a favorecer a Cuba. El reto parecía demasiado preocupante y desde otra sección Francisco Vildósola y Leopoldo de Sola sostenían que "las clases productoras" debían concretarse a aceptar el texto presentado, "pidiendo en compensación las medidas económicas necesarias".[193]

A la aprobación de la "Exposición a la Convención Constituyente" por el Círculo de Hacendados, iniciada con la frase "sin riqueza no hay vida", se uniría la "Comunicación a la Convención Constituyente del Centro General de Comerciantes e Industriales", presidido por Narciso Gelats,[194] así como todas aquellas representaciones de los intereses de la burguesía insular, atrapada en una especie de "limbo" social. Los "suspiros" por alcanzar lo soñado se filtraban entre las páginas de la prensa. La Enmienda Platt no reportaba los beneficios económicos inmediatos, y la burguesía parecía hundirse en el lodo de su dependencia.

[193] *Revista de Agricultura*, La Habana, 1ro. de abril de 1901.
[194] Según la "Comunicación" la necesidad más apremiante del pueblo cubano era la de "asegurar mercado remunerativo a sus productos" y si para lograrlo había que aceptar algún sacrificio, "pronto se verá ampliamente compensado". Tomado de *Revista de Agricultura*, La Habana, 1ro. de mayo de 1901, pp. 169-170.

El problema estaba entonces en discernir los espacios entre el "idealismo" y lo "práctico"; o sea, los márgenes posibles de negociaciones sin traspasar la línea divisoria.[195] Para algunos las fronteras de la independencia, en mayor o menor grado extendidas, estaban en el centro de cualquier disposición, y las concesiones, por tanto, no debían transgredir los límites, variables según las concepciones que de la independencia tuviera cada uno, pero límites al fin. En otros casos, el reto no parecía preocupar con la misma intensidad, y la prioridad aparecía cifrada en los nexos económicos con Estados Unidos, más allá de las condiciones e imposiciones que estos podían traer consigo.

---

[195] El historiador Ricardo Quiza, al hacer referencia a esta relación advierte la existencia de lo que él llama "regateo de los términos de soberanía", expresado mediante la plasticidad de un discurso y un conjunto de acciones en las relaciones que se establecen con los Estados Unidos, "a ratos "conflictivas", por momento "amorosas", Ricardo Quiza: "Fernando Ortiz, los intelectuales y el dilema del nacionalismo en la República (1902-1930)", en *Temas*. Número Extraordinario, 22-23 julio-diciembre del 2000, p. 47.

YOEL CORDOVÍ NÚÑEZ

LA INTELECTUALIDAD LIBERAL EN EL CAMBIO: LA IMPRONTA DEL "MARGINADO"

El acercamiento entre las naciones a partir del desarrollo de las comunicaciones y el transporte, no sólo tenía su impacto en las reformulaciones de las estrategias globales de dominación, sino también era cauce propicio para la confrontación de culturas y de ideas, especialmente las que irradiaban del Viejo Mundo.

Si tuviera que definirse el ambiente intelectual en el ámbito europeo, entre las décadas de 1890 y 1900, bastaría aguzar el oído en el tiempo para escuchar la estremecedora frase del joven historicista alemán Ernst Troeltsh en el congreso de teólogos de Eisenach en 1896: "Señores, todo se tambalea". Como las olas del mar estrellándose en las costas transcurrían las inquietudes del nuevo pensamiento social. El paso arrollador de la industria, junto a las crisis generadas por el modelo liberal, estremecía a los inestables sectores medios, incluyendo a los profesionales e intelectuales en general. En el plano de las ideas, el centro de ataque recayó en los principios de la Ilustración y de sus considerados herederos: el positivismo, el naturalismo y el materialismo. Imposible creer en la armonía racional de un mundo o en una voluntad general, tampoco en una Ley natural y en principios eternos a los cuales se podía llegar sólo a través de las ciencias naturales, único método de conocimiento confiable de la realidad.

Las críticas a este movimiento, remontadas a la segunda mitad del siglo XVIII y expresadas en la oposición al determinismo y a la ascendencia cultural francesa, encontraron campo fértil a finales del XIX. En ese enfrentamiento, las doctrinas subjetivas buscaban enseñorearse de los objetos de estudios: "El proceso psicológico había reemplazado a la realidad externa como el tema de investigación más urgente". [196]

Las crisis, el desorden social, el descalabro institucional, y todas las irregularidades que Durkeim definía como *anomia* y que Sorel las inscribía dentro de la *naturaleza natural,* caótica y aterrorizante, contra la cual el hombre debía de actuar en su transformación[197], traían aparejado la contraposición de sistemas y teorías políticas; el replanteamiento de métodos, y la búsqueda de nuevas interpretaciones acordes a las exigencias de los tiempos.

Las actitudes del intelectual latinoamericano fueron múltiples ante realidades diferentes, pero lindantes siempre con focos de conflictos similares. Internamente las posibilidades del "ser" de estas naciones se ventilaban en constante forcejeo entre los sectores de la burguesía agropecuaria y minero exportadora, interesados en la ubicación favorable de sus rubros exportables en el mercado internacional.

---

[196] H. Stuart Hugues: *Conciencia y sociedad...,* Madrid, 1972, p. 49.
[197] Al respecto véase de Isaiah.Berlin: *Contra la corriente. Ensayo sobre historia de las ideas*, México, 1983.

En esa tesitura, el liberalismo latinoamericano continuaba debatiéndose entre la autoctonía y la reproducción de modelos foráneos, siempre acorde a la diversidad de intereses en las naciones-estados y a las contradicciones propias del desarrollo del capitalismo en América Latina. Pensadores, como el positivista argentino Carlos Octavio Bunge, autor del libro Nuestra América, publicado en 1903, buscaba movilizar desde sus argumentos marcadamente positivistas, la intelligensia latinoamericana; hacerla partícipe de la cruzada contra la incivilización, mediante la adopción de modelos europeos o estadounidenses. Cualquier variante de solución interna podría conducir a las enfermedades del "jacobinismo agudo" y de la "parlamentaritis".[198]

En el tratamiento de la problemática político-social en los escenarios poscoloniales de Cuba y de Puerto Rico, áreas caracterizada por sus inagotables contrastes, confluían elementos similares en las propuestas de organización social. Para los autores jibaristas puertorriqueños, en los últimos lustros del diecinueve, se imponía la necesidad de civilizar al jíbaro; o sea, educarlo en todo aquello que contribuyera a su regeneración física, moral e intelectual, paso previo en su incorporación a las transformaciones. Según Salvador Brau, uno de sus principales exponentes, al campesino en Puerto Rico había que crearle las condiciones indispensables para su superación y mejoramiento, incluyendo, especialmente, a los niños y a las mujeres.[199]

---

[198] Carlos O. Bunge: *Nuestra América (Ensayo de psicología social)*, Madrid, 1926.
[199]. Véase Francisco A. Scarano: "Desear al Jíbaro:

La concepción de la elite educadora calaba también en Estados Unidos. A finales del siglo XIX, el gobernador Jones, de Alabama, argumentaba acerca de la importancia de que los blancos se convirtieran en "custodios" de los negros. Mientras otros intelectuales progresistas, como el novelista Walter Hines Page, enfrentaban los linchamientos y otras manifestaciones de violencia racial, y abogaban por la armonía social a través de una "elite benevolente" capaz de incorporar al negro a la civilización: "El negro es un niño en la civilización. Permítasenos prepararlo".[200]

En la solicitud del permiso se ocultaba la trampa. "El saber puede ser y de hecho es poder -diría un filósofo contemporáneo, con acentuado tono foucaultiano- más que un amigo el saber es un instrumento, un pretexto que algunos usan para complicidades y fidelidades mayores".[201] Volvía a ser el tiempo el principal cómplice en esta trama. ¿Cuáles requisitos debía presentar "el marginado", fuese blanco o negro, para considerarse apto en el ejercicio de sus derechos? y ¿cuándo sería dado a conocer el veredicto?

Las repuestas a tales interrogantes la daría "el maestro" o la "clase docta", consciente, al decir de Enrique José Varona, que "una raza totalmente

---

metáforas de la identidad puertorriqueña en la transición imperial", en *Islas e Imperios*, p.70.

[200]. Cathy Duke: *The idea of race: The cultural impact of American intervention in Cuba, 1898-1912*. Universidad de Puerto Rico, 1983, p. 95.

[201]. Emilio Ichikawa Morín: *El Pensamiento agónico*, La Habana. 1996, p. 25.

desheredada en la vida del derecho y de la cultura" no podía adquirir, "en un día", los elementos que le permitieran integrarse a la sociedad.[202]

No eran éstas concepciones aisladas o temores de última hora; se trataba de ideas inveteradas que debían abrirse paso en pleno enfrentamiento a la cosmovisión de una realidad regida por la impronta del ciclo de liberación nacional.

Las perspectivas en los enfoques sociales no quedaron reducidas a los sectores de la intelectualidad liberal. Finalizada la Guerra del 95 se iba a asistir a la ruptura de las ligaduras políticas que mantenían unidos al conglomerado en igualdad de intereses. Grupos tradicionalmente marginados, pero que bien desde Cuba o desde el exterior, habían contribuido a la empresa libertadora, comenzaron a plantearse sus condiciones con relación al poder en términos de igualdad de acceso. Para ello, la inclusión dentro del sistema político a instaurarse era determinante y, al efecto, las líneas de acción a partir de los partidos políticos no tardaron en ventilarse entre los representantes y voceros de estos elementos.

Una de las líneas de acción de la dirigencia obrera, por ejemplo, abogaba por la creación de la Federación Obrera Cubana en alianza con la Federación Obrera Americana y el Partido Socialista de Estados Unidos. El objetivo de la citada organización, que tuvo en *El Proletario*, dirigido por el emigrado Ramón Rivera Monteresi, uno de sus principales voceros, sería "la propaganda constante de las ideas socialistas procurando aumentar el número de adeptos", pero sin llegar a constituir un partido "íntegramente socialista".

---

[202]. Enrique J. Varona. "La Escuela de color de San Antonio", (s/f), en *Violetas y Ortigas*, La Habana, 1938, pp. 35-36.

En este caso se buscaría a través del Partido Liberal Nacional, presidido por Alfredo Zayas, elegir a miembros obreros para su convención municipal, los cuales estarían obligados a "sostener los derechos de sus compañeros, a quienes representan, a hacer que se mejoren por la evolución política sus condiciones sociales de vida."[203]

Sin embargo otras tendencias proletarias se proponían objetivos de mayor alcance y para ello buscaban agrupar a los gremios, círculos de trabajadores y demás asociaciones obreras. La creación del Club de Propaganda Socialista, fundado en 1903 por Carlos Baliño, de base marxista e inspiración martiana, declaraba en sus bases la aspiración "a la posesión, por la clase proletaria del poder político" y el derrocamiento del sistema capitalista. Sus lineamientos iban más allá de las concepciones democrático-burguesas de la inmensa mayoría de la intelectualidad liberal de la época, fuera conservadora o radical. A pesar de las contradicciones existentes con el anarquismo español, contrario a la existencia de partidos obreros que condujeran a su membresía por los derroteros de la lucha política, al año siguiente, la creación del Partido Obrero, convertido bajo la propia inspiración de Baliño en el Partido Obrero Socialista, demostró la fuerza que ganaba esta línea de acción proletaria.[204]

---

[203] "A donde vamos", en *El Proletario*, La Habana, 23 de junio de 1903.
[204] Otras organizaciones obreras en esta etapa fueron la Liga General de Trabajadores Cubanos, cuyos miembros

El referente proletario internacional mantenía también su presencia, en circunstancias en las que el movimiento huelguístico cubano expresaba el ascenso de una conciencia de clase en determinados sectores obreros. Desde Europa llegaban a la Isla noticias sobre las huelgas en Londres, el asalto por los obreros franceses de los establecimientos y casas bancarias en la Villa de Armentiéres, las conmociones en España, y especialmente en Cataluña, sin obviar la incidencia de las huelgas de los mineros y de otros sectores en Estados Unidos. El diario *La Lucha*, se hacía eco de estos "tristes espectáculos":

El cuarto estado, si así puede llamarse al proletariado (...) ha entrado en posesión del arma eficaz que representa el boletín del voto, más, como su estado económico y social no ha experimentado, a su juicio, una mejora en relación con su poder político y su capacidad intelectual, hacia el mejoramiento de aquel estado se encaminan sus esfuerzos, sin que nadie pueda evitarlo.[205]

La eminencia del sufragio universal estremecía los campos de las ideologías y obligaba a redefinir la función de los sectores populares en la continuidad del cambio. Tales prácticas y discursos se ajustaban, en sus rasgos esenciales, a los principios del evolucionismo social, acercando en tal sentido a

---

engrosarían en buena medida el Club de Propaganda Socialista, y los efímeros Partido Socialista Cubano y el Partido Popular, fundados por Diego Vicente Tejera al finalizar la guerra

[205] "Las Huelgas", en *La Lucha*, La Habana, 24 de octubre de 1903.

radicales y conservadores, quienes a pesar de las diferencias existentes eran contrarios, como tendencia, a cualquier tipo de cambio radical que revertiera el proceso regeneracional e impusiera, como peligro mayor, a los agentes fundamentales de la ruptura en la cúspide del reordenamiento, trastocando así el orden conservador y toda la escala de valores inveterados. Así lo reconocía un artículo de *La Lucha*: "Se teme que las clases intelectuales no puedan asumir la dirección política del país y que esta siga entre las manos del caudillaje militar.[206]

Las posiciones o tendencias regeneracionistas liberales habían apelado a la educación como poderoso factor de eugenesia. Las clases ilustradas retomarían en el nuevo contexto los términos que autodefinían su función como "clases educadoras". En la práctica educacional cubana fueron mantenidos los estudios especializados sobre las razas y su incidencia en el aprendizaje, lo cual adicionaba nuevos ingredientes a la indefinición temporal de las posibles respuestas. Revistas sobre educación plasmaron en sus páginas análisis comparativos mediante el empleo de las variables de inteligencia, inclinación laboral y gustos en niños clasificados según el color de la piel. En líneas generales las observaciones revelaban el mayor porciento de dificultades para la adquisición de conocimientos en los niños negros y, asimismo, que se trataba de los de menos actitudes hacia el trabajo.[207]

---

[206]. "Frialdad explicable", en *La Lucha*, La Habana, 11 de octubre de 1901.

[207]. En la revista *La Escuela Cubana*, aparecían trabajos como el de Francisco Rojas Artudillo, titulado "La raza de

Se entroncaban estas ideas y posiciones con la política educacional sostenida por el gobierno de Washington durante la ocupación militar, aun cuando las estrategias en ocasiones divergieran. Para Varona, por ejemplo, la Universidad estaba llamada a formar a los jóvenes en función de las necesidades del "buen gobierno"; aquel que sustentaban las "inteligencias" por encima de los "mediocres" e "iliteratos".[208]

Leonard Wood, segundo gobernador militar de la Isla, también había dividido a la población cubana en "masas de ignorantes" y los better elements e hizo lo indecible por lograr la máxima representación de estos últimos en las primeras elecciones municipales y en la Convención Constituyente. El empeño trascendía el interés de neutralizar la ascendencia de los sectores populares del mambisado e implicaba hacerse de una base social conservadora fuerte, acorde a las líneas directrices del gobierno de Washington, tendiente, al margen de las estrategias, al control de la Isla dentro de sus planes globales de dominación.

Existían, claro está, puntos comunes. La huella de la revolución, con su carga social y también con su simbolismo, constituía un obstáculo a enfrentar.

---

color". En el mismo, el autor refería como en los niños de la raza negra el aprendizaje transcurría con mayores dificultades, "aunque una vez que se acostumbran a pensar salvaban las dificultades y progresaban en los estudios, predominando en ellos la memoria y con poca inclinación para las labores.

[208]. Enrique J. Varona. "Oración en la apertura del curso universitario de 1903", en *Cuba y América*, La Habana, 18 de octubre de 1903, p.101.

Cómo desasir, por ejemplo, los símbolos de una raza considerada "inferior" y disiparlos o adaptarlos a las distintas interpretaciones del imaginario patriótico nacional. En el nuevo contexto había que explicarse y hacer comprensibles cuestiones tales como el irrefutable significado de la figura de Antonio Maceo en la población cubana, tratándose de un hombre de la raza negra.

Resulta sugerente al respecto, la coincidencia de esta interrogante con los trabajos efectuados, en 1899, por la comisión de antropólogos, compuesta por J. R. Montalvo, Carlos de la Torre y Luis Montané y dedicada al examen de la osamenta del Lugarteniente General. En la investigación se ofrecían determinados datos antropométricos del peso probable de la masa encefálica de Maceo con relación a la de distintos grupos raciales y étnicos que empezaban a ayudarlos en buena medida:

♦ *Peso del encéfalo de cinco negros de Africa------ 1246 gramos*

♦ *Peso del encéfalo de cinco adultos europeos------- 1376 gramos*

♦ *Peso del encéfalo de Antonio Maceo---------------- -1374 gramos*

A continuación, el estudio de la región facial en su parte supranasal poco desarrollada, mostraba armonía con la conformación general de la bóveda cerebral, a tal punto que al decir de la Comisión: "esta cabeza pudiera confundirse con la del europeo mejor dotado en orden de proporciones". Por otra parte, y de acuerdo a la Ley de Gratiolet,[209] la sinostosis (sutura del cráneo), transcurría de la parte delantera del cráneo hacia atrás en el caso de las razas inferiores, y a la inversa en las superiores, a fin de que quedaran los lóbulos anteriores del cerebro con más tiempo para desarrollarse y ejecutar sus funciones. En el caso del cráneo de Maceo pudo constatarse que las suturas permanecían abiertas todo el tiempo que era capaz de crecer el cerebro.

Luego de culminar los estudios antropométricos, la Comisión científica arribó a un conjunto de conclusiones importantes. En primer lugar, que si bien en más de un aspecto existían caracteres antropológicos que "reintegraban" a Maceo en el "tipo negro", especialmente las proporciones de los huesos largos del esqueleto, se aproximaba mucho más a la raza blanca, la igualaba e incluso, advertía el dictamen, la superaba en la conformación general de la cabeza. Por tanto, culminaba el documento, "dada la raza a la que pertenecía", podía ser considerado Antonio Maceo "como un hombre realmente superior",[210] algo así como la excepción de la regla.

Continuaría entonces sobre el tapete la universalización del papel de la intelectualidad en la regeneración social; o sea, la necesidad de que la "clase educadora" o la "gran inteligencia", según término del español Macías Picabea,[211] preparara al "sujeto

---

[209] Louis Pierre Gratiolet

[210] J. R. Montalvo, Carlos de la Torre y Luis Montané: *El cráneo de Antonio Maceo (Estudio antropológico)*, La Habana, 1899.

[211] Ricardo Macías Picabea: *El problema nacional*, (1899), Madrid, Biblioteca Nueva, 1996, p.324.

*subalterno", es decir, a la "conciencia subalterna",
para ser postulada.*

*Una vez más las redes de la intelligentsia volvían a
cubrir las posibilidades de acción del "marginado",
debido a que la educación como antesala del derecho
al sufragio podía mantener el termómetro de la incapacidad por tiempo indefinido. El problema, según la teoría de Spivak sobre el papel del intelectual
poscolonial, residía no sólo en el proceso educativo,
sino que también había que aprender a hablar con,
en lugar de escuchar o hablar por los sujetos subal-
ternos.*

*La complejidad del asunto había hecho resonar el
escenario de discusión de la Base 27 del proyecto de
Constitución relativa al sufragio, y pocos meses después volvió a hacerse sentir en la discusión sobre la
totalidad del Proyecto de Ley Electoral. El sufragio
universal y los métodos o variantes de ejecución podían conducir a lo que el diputado González Llorente consideró la eliminación de los capacitados
para "ilustrar a la colectividad"[212] o al "despotismo*

---

[212] Intervención de Pedro González Llorente en la sesión del
6 de agosto de 1901, referida a la discusión del proyecto de
Ley Electoral, que estipulaba en uno de sus puntos la
renuncia de los cargos, un mes ante de las elecciones, de
quienes ejercieran empleos, cargos o Comisión con
nombramiento del gobierno de ocupación. Según Llorente,
se trataba justamente de las figuras con más capacidad para
asumir altas responsabilidades, las cuales pasarían
entonces a "individuos incapaces de gobernarse a sí mismo".
Véase el *Diario de Sesiones...*, p. 554.

*de la irresponsabilidad, ciega y terrible, de las mu-
chedumbres", según expresión del diputado Giberga.*[213]

Sería esta una de las preocupaciones latente en
muchos de los más importantes temas de discusión
de la constituyente cubana. Desde los debates
propiamente referidos al tema del sufragio, pasando
por las discusiones en torno a la composición de los
ayuntamientos, Consejos Provinciales y Cámaras del
Congreso, hasta la discusión de la totalidad del
Proyecto Electoral a mediados de 1901, se asistía a
un desplazamiento vertiginoso hacia las posiciones
que buscaban limitar la representatividad popular en
cada una de las esferas de poder, tanto a escala local
y regional como en el ámbito nacional.

La definición del término de ciudadanía cubana; su
inclusión en el texto constitucional, así como la
aprobación unánime de que todos los cubanos eran
iguales ante la ley, establecían precedentes
importantes en la definición de los márgenes de
inclusión y de exclusión en el Estado. El hecho de
extender los derechos ciudadanos sin fronteras
raciales y clasistas, y de concebir la ciudadanía como
institución integradora[214], dejaba abierto al debate
otros mecanismos institucionales capaces de

---

[213] Intervención de Eliseo Giberga en la sesión del 5 de
febrero de 1901, consumiendo un turno en contra del
sufragio universal, en Ibídem., p. 341.
[214] La Sección segunda de la primera Base de la Constitución de la República de 1901 establecía que era cubano
aquel hijo de padres extranjeros, nacidos en el territorio de
la República y que después de cumplir la mayoría de edad,
se inscribiera como cubano en el Registro correspondiente.

establecer de manera selectiva los diferentes derechos económicos, políticos y civiles.

El sufragio sería el principal mecanismo en la búsqueda de los límites de participación en el Estado, y así lo reconocía el delegado Rafael María Portuondo cuando ponía al descubierto la existencia de temores en la sala ante la posible elección del Senado cubano por sufragio universal: "Aquí hay positivamente miedo al sufragio universal".[215] Y advertía que el objetivo de esta Cámara era conservar, "pero no conservar privilegios, ni castas", dejando establecida una definición de "conservador" con algunos matices en relación con la de Giberga: "... conservar en este caso quiere decir renovar lo antiguo, adaptándolo a las necesidades del presente".[216] Un día antes, el delegado por Santa Clara, José B. Alemán, expuso sus concepciones en términos similares: "Se podrá decir: No queremos ver al número, a las multitudes, a esos que llaman clases inferiores, imponerse a las inteligencias. Los sufragios no se pesan señores Delegados; los sufragios se cuentan".[217]

Este discurso integrador prevalecería en los debates con subidos tonos nacionalistas, que rememoraban constantemente la esencia popular y el sustento democrático de la gesta libertadora. En vano se intentaba apelar al voto plural por una minoría de intelectuales, sistema éste empleado en países como

---

[215] Intervención de Portuondo en la sesión nocturna del 30 de enero de 1901, en *Diario de Sesiones de la Asamblea Constituyente...*, p. 302.

[216] Ibídem., p.298.

[217] Intervención de Alemán en la sesión nocturna del 29 de enero de 1901, en Ibídem., p. 274.

Bélgica, mediante el cual se concedía a cada individuo tres votos: uno por concepto de ciudadano, otro por ser cabeza o padre de familia y, por último, el de contribuyente. La Comisión redactora del Proyecto de Ley Electoral dejaba claro las limitaciones de ese sistema: "es notorio que la mayoría de la voluntad del país no está compuesta de gentes de privilegios, mientras que la minoría, por el contrario, tiene una mayoría de individuos que reúnen las condiciones de capacidad o contribuyente."[218]

En los seis meses que transcurrieron entre los debates con relación a la Base 27 en la Convención y la discusión de la totalidad del Proyecto electoral, las posiciones conservadoras hacia el sufragio fueron ganando terreno. El único turno consumido en contra fue el de Giberga para quien, desde su óptica conservadora, el documento presentado era "una obra de oposición a determinados elementos políticos" y "una obra de partido hecha para el servicio del radicalismo".[219]

Parecía que era suficiente la polémica Giberga-Zayas[220] para que el primer Proyecto de Ley electoral fuera aprobado. Nadie más había pedido la palabra en el cónclave en apoyo al ex autonomista, cuando al proceder la votación el documento fue rechazado por el margen de 13 votos contra 12. Sanguily confesaba

---

[218] Proyecto de Ley Electoral. A la Convención Constituyente, en Diario de Sesiones, La Habana, 20 de julio de 1901.

[219] Intervención de Giberga en la sesión del 9 de julio de 1901, en Ibídem., p. 487.

[220] Alfredo Zayas se pronunció como defensor de la totalidad, como expresión de respeto a la minoría, según disponía la Constitución, pero sin que llegara por esto a cederse privilegios a "sectores retraídos" en contra de la mayoría.

sentirse "sorprendido" de que tantos delegados votaran que no, y más sin haberle avisado. Juan Gualberto no salía tampoco de su asombro: "Si se diera este fenómeno en Francia, en Inglaterra, en la misma España, toda la prensa diría: "el señor Giberga pronunció un discurso tan lleno de argumentos, tan convincente, que arrastró a la mayoría". [221]

Los debates referidos al segundo Proyecto Electoral, redactado por la Comisión designada al efecto, reafirmaban el definitivo desplazamiento hacia las posiciones conservadoras en el delicado asunto. Se buscaba con el nuevo texto una especie de conciliación entre los argumentos encontrados; un acto de malabarismo político que no pusiera en crisis las decisiones sobre los procedimientos electorales, una vez aprobada la constitución republicana y también la enmienda que legitimaba una posible intervención en los asuntos internos.

El documento en su nueva versión establecía que quienes ejercían cualquier empleo, cargo o comisión con nombramiento del gobierno de ocupación, debían renunciar al mismo un mes antes de las elecciones. El hecho de que tales funciones estuvieran cubiertas en su mayoría por sectores ilustrados de la sociedad suscitó la intervención inmediata de los delegados, representantes de la facción más conservadora: "... he sido desde el fondo de mi alma amante del pueblo -afirmaba González Llorente- pero no puedo ser amante de un sistema según el cual vienen a gobernar a ese pueblo individuos incapaces de

---

[221] Intervención de Juan G. Gómez en la sesión del 9 de julio de 1901, en: Ídem.

gobernarse a sí mismo, y que se eliminara a los que puedan con su concurso ilustrar a la colectividad..."[222]

En cambio, mientras que el primer proyecto disponía que eran elegibles para Consejeros Provinciales los cubanos por nacimiento o naturalizados que hubieran cumplido los 25 años de edad y se hallaran en pleno goce de los derechos civiles y políticos, el segundo agregaba a los requisitos de elegibilidad el de ser "propietario o contribuyente en la provincia o poseer un título profesional, o haber desempeñado cargo público por elección popular". La limitación en la instrumentación del sufragio que introducía esta cláusula no era casual. Los Consejeros Provinciales formaban parte del número de compromisarios que habían de elegir a los Senadores junto a los compromisarios senatoriales, quienes debían saber leer y escribir y ser, además, mayores contribuyentes.

Semejante concepción neutralizaba, prácticamente, las posibilidades de representatividad popular en el Senado de la República, y así lo hacía saber Juan Gualberto en su réplica al delegado santiaguero José Fernández de Castro. De hecho y de derecho se monopolizaba el Colegio por la intelectualidad y por los grupos más pudientes en detrimento de los sectores populares: "mientras yo he querido darle facilidades para entrar en el cuerpo de Compromisarios, expresaba Gómez, facilidad que ahora no se le da, porque pudiera ocurrir que no pudiera ser Consejero Provincial un carpintero, un

---

[222] Intervención de Pedro González Llorente en la sesión del 6 de agosto de 1901, en Ibídem., p. 554.

179

maestro albañil, un maestro de escuela, dotado de buen juicio y patriotismo".[223]

Llegado a este intríngulis en las discusiones, la facción más conservadora, encabezada en todo momento por los delegados Elíseo Giberga, Domingo Méndez Capote y Gonzalo de Quesada, fortalecieron sus posiciones, adaptando hábilmente las instituciones de la ciudadanía y del sufragio universal a sus definiciones, coincidentes en su esencia ideológica con la de muchos de los presentes. Figuras hasta ese momento irreconciliables en el tema del sufragio empezaron a mostrar matices en sus argumentos en la medida que se aproximaba la hora final. Las consecuencias no tardaron en evidenciarse y el Proyecto, a pesar de sus limitaciones reconocidas, fue aprobado por mayoría de 17 votos contra 6. El alcance de estos mecanismos electorales fue enjuiciado dos años después por el periodista Serra:

Pero aquí, entre nosotros, donde tanto se habla de unión y fraternidad en la tribuna, al aproximarse el tiempo de las elecciones, es mucho de notar como se acentúa con marcado propósito el esfuerzo constante en mantener no tan sólo la división de razas, sino lo que es más agresivo y humillante, se insiste, en uso de calificativos y adjetivos ultrajantes cuando se trata de personas capacitadas por la ley para un tratamiento de respeto; pero

---

[223] Intervención de Juan G. Gómez en la sesión del 2 de agosto de 1901, en Ídem.

incapacitada por la ley de la preocupación para ser tratados al igual que todos".[224]

No sería la instrumentación del sufragio el único mecanismo que coartaba en la práctica lo que en el plano de la retórica se presentaba como consustancial a la ética nacionalista. En este sentido están dirigidas las observaciones del historiador Jorge Ibarra Cuesta, cuando al referirse a la tesis del "mito de la democracia racial en Cuba", alude al papel de los tribunales de justicia junto a la prensa y las instituciones represivas en la adaptación de los principios normativos de la libertad política y la igualdad jurídica a partir de concepciones discriminatorias.

Otros dos elementos expuestos por el autor son la propia barrera cultural, según la cual las desigualdades no partían de la lógica de un sistema desigual, sino de la incapacidad del negro para superar su secular atraso y, por otra parte, estaba la utilización del voto como "arma de negociación de los negros y los blancos pobres en el medio rural", mediante la cual los patrones y clientes obtenían y luchaban por obtener una base electoral popular mayoritaria. Según Ibarra Cuesta: "Las ilusiones que se derivaban de las relaciones clientelares contribuían a reforzar los vínculos de los cubanos negros con las dirigencias históricas blancas del 95".[225]

---

[224] Rafael Serra: "De Relieve", *Redención*, junio de 1903, en Rafael Serra: *Para blancos y negros. Ensayos políticos, sociales y económicos*, La Habana, 1907, p. 40.
[225] Jorge Ibarra Cuesta: "Comentarios acerca de "Mitos de 'democracia racial': Cuba, 1900-1912", en Fernando Martínez Heredia y otros: *Espacios, silencios y los sentidos de*

La represión policial y la amenaza política, durante la ocupación militar y una vez establecida la república, funcionaron también como elementos de contención a la acción obrera.[226] El llamado a la obediencia patronal y el empleo de la amenaza intervencionista estadounidense –legitimada por el apéndice Platt- estaban dirigidos a impedir cualquier tipo de organización social, presentada como creadora de disturbios y conmociones que propendían a la desestabilización del sistema político y a la consecuente mediación yanqui.

El propio gobernador militar de La Habana, William Ludlow, se encargaría de reafirmar la idea del injerencismo indefinido como factor de presión. A raíz de la huelga de los obreros de la construcción, el 20 de agosto de 1899, el funcionario yanqui redactó la proclama "Al pueblo de la Habana", en la cual, después de calificar de "irresponsables" y "sediciosos" a los organizadores de la huelga afirmaba: "Los trabajadores de la Habana han sido seducidos para dar un paso fatal, que caso de darse, haría retroceder el ejercicio de la libertad y el disfrute de los derechos

la libertad. Cuba entre 1878 y 1912, La Habana, 2001, p. 339.

[226] Tanto la denominada Huelga de los Albañiles (20 de agosto de 1899-29 de septiembre de 1899) como la Huelga de los Aprendices (noviembre de 1902) fueron aplastadas violentamente. La prensa representante de los intereses más conservadores, encabezada por el *Diario de la Marina* y *El Palenque de Lajas*, presentó a los huelguistas taba-queros como granujas, vagos y aventureros sin causa, servidores del gobierno español e instigadores de una nueva intervención norteamericana.

individuales durante tiempo indefinido".[227]

El funcionario estadounidense hablaba a nombre de la libertad para enfrentar las aspiraciones legítimas de determinados sectores de la clase obrera, la elite intelectual liberal cubana se valdría de otros conceptos pero con objetivos similares. Silenciar el problema clasista y la cuestión racial, presentándolas como expresiones de una conciencia antinacional, perturbadora de los más elevados principios de la revolución, fue, por consiguiente, otros de los mecanismos de coacción de los principales reclamos del elemento popular. El discurso de integración nacional martiano y la definición de "cubano" por encima de cualquier vestigio de exclusión clasista o racial, fueron objetos de una relectura por la elite intelectual liberal, desdibujándose los verdaderos principios que sustentaban su concepción práctica, de acuerdo al prisma ideológico de Martí y de los representantes de la tendencia democrático-radical. De esta manera, la fórmula de la violencia, expuesta anteriormente, se presentaba como la expresión más genuina de la defensa de los intereses nacionales, perturbada por elementos aún por regenerar.

---

[227] William Ludlow: "Al pueblo de la Habana", en Instituto de Historia del Movimiento Comunista y de la Revolución Socialista de Cuba: *El movimiento obrero cubano. Documentos y artículos*, La Habana, 1975, p. 174.

YOEL CORDOVÍ NÚÑEZ

CAMINOS QUE CONDUCEN AL AZÚCAR

Finalizada la guerra de liberación de 1895 y con la consecuente fragmentación y debilitamiento de las corporaciones de la burguesía agroexportadora en Cuba, los representantes de los sectores medios, emergidos de la guerra en una posición más ventajosa, enfrentaron la diversidad de problemas que en algunas naciones latinoamericanas comenzaban a cuajar, sin mucho éxito, en proyectos reformistas salidos de sus débiles burguesías nacionales.

Entre 1899 e inicios de 1903, o sea, antes de producirse la discusión del Tratado de Reciprocidad Comercial en el Congreso cubano, se suscitaron preocupaciones entre algunos de estos elementos con relación a la diversificación de la economía del país, como parte del proceso de reconstrucción de posguerra. La producción para el mercado interno, la tecnificación agrícola, el proteccionismo estatal hacia las pequeñas y medianas empresas, y el fomento de otros rubros económicos en oposición a los mecanismos de control del capital extranjero, aparecían entre las principales iniciativas o concepciones expuestas, bien en los medios publicistas y revistas especializadas en materia económica, o bien en los debates congresionales.

Para el líder obrero Carlos Baliño, por ejemplo, la única alternativa posible para evitar la dependencia de la economía cubana era la diversificación. En su artículo "Independencia económica" llamaba la atención sobre la necesidad de orientar la mano de obra hacía la producción agrícola. En caso de producirse para el consumo interior, en vez de pensar exclusivamente en las exportaciones, afirmaba entonces: "no habrá exceso de producción, ni la vida de nuestro pueblo dependerá del mercado extranjero que nos compra nuestro producto único".[228]

Tales ideas, sustentadas también por Diego Vicente Tejera, no eran exclusivas del liderazgo obrero. Existían concepciones como las de Manuel Froilán Cuervo, de la directiva del Círculo de Hacendados, que apuntaban a resolver la situación económica con medidas internas. Froilán Cuervo junto a Rafael Fernández de Castro y Gabriel Camps, figuraban entre el sector minoritario de los hacendados que nucleados en torno a la Liga Agraria denunciaban los mecanismos de dependencia económica que lo ataban como clase.

El replanteamiento de la rígida estructura agraria a escala local cuajó en iniciativas como la de los denominados certámenes de laboriosidad que promovió la Sociedad Artística y Literaria "El Progreso" de Sancti Spíritus, presidida por el Dr. Fernando Cancio. En los eventos eran premiados los campesinos que con menos recursos produjeran más en sus respectivos sitios de labor y los vencedores recibían de premio determinado número de reses.[229]

Instaurada la república, problemas como la diversificación agrícola y la industrialización, quedaron insertados dentro de una extensa agenda

---

[228] Carlos Baliño: "Independencia económica", en *La Discusión*, La Habana, 5 de julio de 1902.
[229] *La Lucha*, 28 de octubre de 1901.

de debates que comprendía, entre otras cuestiones, la institucionalización del naciente sistema político cubano. Varias fueron las propuestas discutidas en las cámaras del Congreso, encaminadas a proteger la industria local y al productor nacional.

En octubre de 1902, la Comisión de Aranceles e Impuestos de la Cámara de Representantes analizaba la propuesta de reforma arancelaria del Senado, destinada a la protección de productos como la carne fresca y en salmuera, sobre las que de hecho pesaba un impuesto municipal que las encarecía, la leche condensada, y el queso con desarrollo en Puerto Príncipe a pesar de la guerra. Se elevaban, así mismo, los aranceles al arroz "sin cascara", con el objetivo de estimular la creación de fábricas destinadas al descascaro. Aparecían beneficiados igualmente los ladrillos de fabricación, declarados exentos de derechos por el gobierno de ocupación, el chocolate, el jabón, la manteca entre otros.[230]

Dentro del sector agrario, la industria tabacalera, en pleno proceso de monopolización por las compañías inglesas y norteamericanas, pero aún con determinado peso entre los productores españoles, también movilizaban sus grupos de intereses, con fuerza especialmente en Pinar del Río, con el objetivo de alcanzar márgenes de protección que les permitiera enfrentar la fuerte competencia. Durante la ocupación un grupo de estos intereses en Vuelta Abajo lograron encauzar a través del Gobernador Civil una instancia al presidente norteamericano, en protesta por la libre introducción del tabaco

---

[230] Cámara de Representantes: *Diario de Sesiones*, 15 de octubre de 1902.

puertorriqueño y la entrada ilegal de tabaco de inferior calidad procedente de Santo Domingo, Venezuela, Centroamérica y hasta de Estados Unidos. Como consecuencia el 22 de febrero de 1900, por Orden Civil N° 84, fue prohibida la importación de semillas y de tabaco extranjero.

No correría igual suerte el café, rubro concentrado principalmente en la región oriental y afectada su producción sensiblemente desde la cuarta década del siglo anterior. A pesar de la solicitud de un grupo de Representantes, apoyados por la Comisión de Aranceles e impuestos y de un folleto publicado por la Cámara de Comercio de Santiago de Cuba, de que fueran aumentados los derechos arancelarios a este producto a su entrada al país, en el Senado no bastó la defensa de Antonio Bravo Correoso y el proyecto fue rechazado definitivamente. El senador Manuel R. Silva en su oposición apelaba a una "competencia moderada y saludable" que estimulara su producción nacional.[231]

Unido a la estimulación de ciertos renglones de la economía, y conscientes de que era "mal gravísimo depender exclusivamente de uno o dos productos",[232] se hallaba la defensa del productor nacional. En esa dirección apuntaba la propuesta de un grupo de senadores aprobada por el Congreso de establecer que el vestuario, los equipos y todos los efectos de talabartería destinados a la Guardia Rural fueran

---

[231] Cámara de Representantes: *Diario de Sesiones*, La Habana, 28 de agosto de 1902 y Senado: *Diario de Sesiones*, 15 de diciembre de 1902.

[232] Cámara de Representantes: Ibídem., 28 de agosto de 1902.

fabricados en el país y adquiridos por subastas. El senador Loynaz del Castillo suplicó se dictaminara con brevedad sobre el asunto, pues se encontraban en Cuba "agentes de fábricas extranjeras dispuestas a arrebatar a los obreros y a los industriales cubanos ese trabajo" [233]

Más enconada fue la polémica establecida entre los Representantes Gerardo Castellanos y Rafael Martínez Ortiz en la discusión de un proyecto destinado a reducir los aranceles a las importaciones de objetos de hierro. El legislador villareño entendía por "capital cubano": "todo aquel que venga a invertirse en mejorar las condiciones de la nación, aunque los dueños de ese capital sean extranjeros", además de considerarlos los únicos capaces de introducir las más modernas tecnologías para el desarrollo de la industria azucarera como podían ser los "cristalizadores".

Castellanos, por su parte, explicaba que con la rebaja sólo serían beneficiados los comerciantes y las empresas de ferrocarriles y no así el pequeño agricultor, necesitado de vender las maquinarias de su ingenio destruido por la guerra para la reconstrucción de sus unidades productivas. Mientras que los "cristalizadores", capaces de obtener una cristalización rápida del azúcar, para sorpresa de muchos de los presentes se fabricaban en Cuba y de aprobarse la ley quedarían perjudicados sus productores.[234]

---

[233] La proposición estaba firmada por los senadores Loynaz del Castillo, Govín, Xiqués, García Pola y Bernabé Boza, en *La Lucha*, 29 de enero de 1903.

[234] Véase este debate en Cámara de Representantes: *Diario de Sesiones*, 14 de octubre de 1902.

Otro elemento dentro de esta polémica confirmaba lo que Ibarra calificaba de "ausencia de una burguesía con una conciencia económico-corporativa de sus intereses". El control casi total de la infraestructura ferroviaria por empresas inglesas y norteamericanas y los altos costos que debían pagar los dueños de ingenios o centrales, cubanos y españoles, a las entidades extranjeras, convertían esta dependencia en traba indiscutible para la competitividad de la producción azucarera doméstica. De ello estaba consciente Castellanos cuando preguntaba en la Cámara: "¿Por qué, pues, nosotros hemos de sacrificar los intereses principales de nuestro país en beneficios de empresas que lejos de favorecernos nos tiranizan?"[235]. La respuesta la obtiene de su colega Garmendía: nadie podía exigirles a las empresas ferrocarrileras que redujeran sus costos de transportación: "SUMUN YUS, SUMUN YURIA".[236]

Sin embargo, para nadie era un secreto que los problemas financieros que afectaban en toda su dimensión el proceso de reconstrucción dejaban huellas sensibles en la lenta recuperación de la industria azucarera. Mientras otros rubros como el tabaco y los minerales experimentaban una reacción importante a partir de 1899, el azúcar apenas constituía el 50% de las exportaciones.[237]

---

[235] Cámara de Representantes: Ibídem., 14 de octubre de 1902.

[236] "Exceso de justicia, gran injusticia".

[237] Oscar Zanetti, "El comercio exterior de la república neocolonial", en *La república neocolonial*, t.I, La Habana, 1975, p. 75.

Hasta 1902, los empréstitos como factor de ingreso no pasaban de ser meros sueños en la mente de algún que otro hacendado o funcionario, apresado en las redes de un estatus indefinido y sin un Estado que pudiera contraer obligaciones en el plano internacional. Con el establecimiento de la república comenzaron los proyectos y también los fracasos, propios de un sistema político sujeto a los mecanismos de control del capital extranjero. Desde 1902, en que Emilio Terry, secretario de Agricultura en el gobierno de Estrada Palma, concibió el proyecto de empréstito interior de 4 millones, hasta inicios de 1904, en que una resolución del Congreso modificó la ley original del empréstito de los 35 millones, elaborado por la Comisión Mixta del Legislativo, habría de asistirse a un proceso de consolidación de la presencia de la banca norteamericana en la economía de la Isla.

Tanto las gestiones del empréstito interior como los contactos con la banca internacional, especialmente de origen inglés y alemán, sufrieron los embates de la propaganda mezclada con una alta dosis de presión por parte de las entidades bancarias estadounidenses, con el decisivo apoyo de especuladores, aventureros y con la anuencia de su gobierno.

Otras razones complementaban las dificultades. Algunos financieros no se arriesgaban en el negocio sin antes conocer la formulación del presupuesto general del Estado y, por tanto, si la Hacienda contaba con los recursos suficientes para la amortización. La aprobación por amplia mayoría del Senado de la ley de la renta de Loterías de Cuba y de la creación de una sección anexa a la secretaria de Hacienda, nombrada Administración Central de

Loterías de Cuba, destinada al Estado y a cubrir en lo posible el empréstito de los 35 millones,[238] reflejaba la difícil situación que enfrentaba la Hacienda cubana desde sus inicios. Los medios de prensa y negociantes auguraban el déficit enorme del naciente Estado y hablaban de la importancia del "gobierno barato" que evitara las deudas y las suspensiones de pagos.

Aun cuando las tímidas inversiones de capital en el período de ocupación y los empréstitos a partir del establecimiento de la república representaron fuentes de ingresos de alguna importancia, el tiempo parecía estar en contra de los sectores de la burguesía insular y las noticias, nada estimulantes, de la baja de los precios del azúcar intranquilizaban a quienes, temerosos también de que el fruto de los trabajos de la Convención Constituyente de 1901 echara por tierra las esperanzas de resolver sus problemas, acudieron al escenario de la reconstrucción, en busca desesperada de mejorar las deterioradas condiciones de comercialización.

Tales concepciones mantenían el problema arancelario, sensible dentro de las agendas de debates en las dos últimas décadas del siglo XIX, como un aspecto a solucionar y en buena medida una especie de panacea a la crítica situación de posguerra. La situación del endeudado propietario se agravaba ante el serio desorden monetario dejado por España en su retirada. La política financiera del Banco

---

[238] El proyecto de ley fue presentado por los senadores, Martín Morúa Delgado, Tomás A. Recio y J. Fernández Rondán. Véase, Senado: *Diario de Sesiones*, Tercera legislatura, 11 de mayo de 1903.

Español, caracterizada por las cuantiosas emisiones de papel moneda inconvertible, aparecía entre los pivotes fundamentales del inflacionismo y de la excesiva carestía de los créditos. La ausencia de un sistema de crédito propiciaba que la mayoría de las fincas, sobre todo pequeñas y medianas, cuyos dueños no podían pagar las deudas, quedaran hipotecadas casi siempre con el refaccionista, como único medio de poder costear la producción. Muchas de estas deudas no pudieron ser saldadas y la pesada carga se convirtió en problema sensible en el proceso de reconstrucción. La orden militar N 46 de abril de 1899, proveía a los deudores de una moratoria de dos años, sin que ello implicara algún tipo de apoyo financiero.

Interesado en la solución de este problema, el Círculo de Hacendados envió a la secretaria de Agricultura, Industria, Comercio y Obras Públicas un proyecto de estatuto para la constitución del denominado Banco Hipotecario de la Isla de Cuba, institución de crédito con privilegio exclusivo de emisión de obligaciones hipotecarias.

La negativa del gobierno de Estados Unidos de facilitar la reconstrucción como proceso autóctono, sin mediación alguna de la Casa Blanca, se puso de manifiesto una vez más al prohibir Russell Alger, secretario de la Guerra de la administración McKinley, la publicación del decreto de la corporación de hacendados, suspendiendo así la iniciativa financiera hasta que el gobierno militar dictara las reglas correspondientes. Tal situación fue interpretada por Fernández de Castro en carta al director de *La Discusión*:

Pues de igual modo que a nuestros humanitarios vecinos no les convenía la autonomía, puede no convenirles hoy que las propiedades se salven para los cubanos; sobre todo cuando al lado del señor Ministro de la Guerra viene y va el representante de un sindicato americano el cual trata de adquirir tierras y fincas al más ínfimo precio, sin dudas para cumplir altos fines de humanidad. [239]

Para muchos hacendados la situación era de vida o muerte. La constante movilidad social dentro este grupo, abatido por las fluctuaciones en el orden económico, podían generar un descalabro generalizado en caso de aplicarse las leyes hipotecarias.[240] El sistema de aplazamiento adoptado primero por el gobierno español y luego por el de Estados Unidos no fue la única alternativa defendida por los hacendados. Según el Proyecto de Reconstrucción del País, presentado por Manuel Froilán Cuervo, tal procedimiento no beneficiaba a ningunos de los implicados: "No favorece al deudor porque mientras su situación no se defina, los intereses crecen y él no

---

[239] "Otro proyecto de Decreto", en *El Nuevo País*, 1 de mayo de 1899, en R. Fernández de Castro: Ob. cit., p. 524.

[240] Las difíciles condiciones no eran privativas de las propiedades rústicas, aún cuando más de la mitad de los gravámenes que afectaban a las fincas urbanas, tenían también su origen en la agricultura. Los acreedores preferían una renta cómoda, pagadera por meses o por trimestres, sin tener que enfrentar los trastornos frecuentes que ocasionaban las condiciones climáticas, las plagas y otros factores propensos a afectar el campo cubano. Por consiguiente, los gravámenes de préstamos o de liquidaciones de cuentas destinados a la explotación del suelo, eran convertidos en créditos o aseguraciones sobre la propiedad urbana. Véase al respecto "Los créditos hipotecarios", en *Cuba y América*, no. 102, La Habana, julio de 1901.

puede recomenzar sus trabajos. Ni al acreedor, porque su crédito aumenta y su capital permanece fuera de acción".[241]

La solución, por tanto, debía ser otra: "El mal está en nosotros –expresaba el directivo de la corporación de hacendados- el remedio está en nosotros mismos. No lo busquemos afuera". Froilán Cuervo confiaba en que sólo la intervención del Estado podía poner fin a la inestabilidad existente. La escasez de crédito y la improductividad del campo exigían de la existencia de un Banco Nacional que emitiera bonos y billetes con la garantía del Estado. El Banco, según la primera de las bases expuestas en el referido proyecto, pondría en circulación 150 millones de pesos oro americano –importe aproximado a la deuda rústica- en bonos pagaderos en cincuenta años, a contar desde 1903.

La posición del gobierno norteamericano y de su máxima representación en la Isla, contraria a las nuevas prórrogas, conllevó a que los comisionados del Círculo de Hacendados en Washington acordaran la redacción de dos proyectos de orden para la constitución, a manera de opción negociadora, de los denominados Tribunales de Equidad a cargo de los directivos Leopoldo de Sola, Gabriel Camp y Froilán Cuervo. En ambos documentos redactados se concedía a los dueños de fincas rústicas arruinadas por la guerra un plazo a vencer el 31 de agosto de 1901, en el que debía concertarse los acuerdos con sus acreedores por deudas cuyo origen fuera anterior al 1 de enero de 1899. Aquellos que no lograran solucionar

---

[241] Manuel Froilán Cuervo: "Proyecto de Reconstrucción del País", 20 de septiembre de 1900, en *Revista de Agricultura*, La Habana, 15 de octubre de 1900, p.13.

el litigio podían someter el caso a la resolución de dichos tribunales que regularían el proceso.

El gobernador Wood tenía que actuar ante el delicado problema y así lo hizo. A mediados de 1901 se entrevistó con la directiva del Centro General de Comerciantes e Industriales, acto que significaba, según los miembros del Círculo de Hacendados, la concesión a ésta del carácter de "corporación acreedora". La moratoria terminó en abril de 1901 y fue reemplazada por la orden militar N 139, que permitía a los acreedores tomar acción contra sus deudores. Las deudas, de acuerdo a lo dispuesto, debían ser liquidadas en un plazo de cuatro años.

La inestabilidad del mercado monetario, la ausencia de un sistema de crédito, el traspaso de la propiedad rústica depreciada por el peso de las deudas y las destrucciones que había originado la guerra, hacía que cualquier variante en el proceso de reconstrucción que no apuntara a resolver, en un plazo breve, las exigencias del decisivo renglón azucarero mediante las concesiones de privilegios arancelarios, fuera rechazada o sencillamente relegada como prioridad por los círculos de la burguesía en Cuba.

En tal sentido, el presidente Estrada Palma reconocería en su Mensaje al Congreso de noviembre de 1902 el malestar existente por las condiciones en que se hallaba la economía del país, pero alegaba no abrigar dudas de su pronto restablecimiento una vez que se concertara el Tratado de reciprocidad y pudiera "darse salida ventajosa a nuestros dos principales productos: el azúcar y el tabaco".[242]

Con la firma del convenio de Bruselas en 1903, mediante el cual quedaban eliminadas las primas de exportación al azúcar con las consecuentes oportunidades de nuevos mercados, comenzaron a registrarse una serie de movimientos por parte de ciertos sectores de la burguesía insular encaminados a insertarse dentro de esta dinámica, bien como estrategia o mecanismo de presión para obtener mayores márgenes preferenciales para la producción doméstica a su entrada en Estados Unidos, o bien como interiorización de la necesidad de nuevas perspectivas comerciales.

La creación a inicios de 1903 de la "Cámara Internacional de Comercio de la Isla de Cuba", presidida por José de la Puente, estaba dirigida, pues, a "aumentar y conservar el comercio de Cuba y los países con que mantenía relaciones y de abrir a sus productos en mayor escala nuevos mercados consumidores".[243]Asimismo, las gestiones de tratado comercial con Inglaterra y la firma del convenio comercial con Italia, delimitaban posiciones interesantes en el accionar de ciertos grupos de esta

---

[242] Tomás Estrada Palma: "Mensaje al Congreso sobre los presupuestos", La Habana, 1 de noviembre de 1902, en Senado: *Diario de Sesiones*, 3 de noviembre de 1902.

[243] El Reglamento contaba de diez capítulos y 55 artículos. El resto de la directiva quedaba integrada por Ezequiel Caraicer como primer vicepresidente; Carlos E. Beck, en función de segundo vicepresidente y como vocales, Ignacio Llambias, Carlos Arnolson, Amado Cora, José Sánchez, Pablo Oliver, Manuel Uribarri, Manuel Catchot, Ignacio Romañá, entre otros. Véase *La Lucha*, 19 de enero de 1903.

burguesía a tener en cuenta en estudios más sistemáticos sobre esta temática.

No obstante, las discusiones en torno a la aprobación del Tratado de Reciprocidad Comercial en el Senado de la república, iniciadas el 4 de marzo de 1903, marcaron un momento trascendental en los desplazamientos y definiciones de la burguesía insular como clase.

Con relación a los argumentos en pro y en contra del documento presentado por la Comisión de Relaciones Exteriores del Senado que proponía fuera ratificado el tratado, en tanto "convendría a la producción cubana que sus dos principales artículos, el azúcar y el tabaco, por lo menos, encontraran reducciones mayores o preferencias (...) a su importación en el mercado americano", las concepciones de "patriotismo", volverían a imponerse hasta llegar a constituir el eje de los debates.

Para Recio, en los términos que había sido suscrito el tratado eliminaba cualquier posibilidad de desarrollo de las industrias cubanas y acercaba a Estados Unidos a sus aspiraciones de dominación y hasta de anexión de la Isla: con su aprobación -alertaba- se llegaría "a nuestra desaparición como pueblo".[244] La posición patriótica para este senador estaba en la reafirmación de la personalidad económica del nuevo Estado como reafirmación de su condición política independiente.

El mismo argumento al que apelaba Sanguily, cuando al consumir uno de sus turnos en contra afirmaba que el tratado convertía a "nuestra nación

---

[244] Senado: *Diario de Sesiones,* 7 de marzo de 1903.

en una colonia mercantil y a los Estados Unidos en su metrópoli". Reconocía, igualmente, que nunca había podido suponer que se llegaría a un período en que "creyeran los cubanos más patriótico, más digno y más honrado reducir a su menor expresión nuestra personalidad nacional enfrente de la absorbente personalidad de nuestro poderoso vecino".[245]

Ambos senadores asumían en sus disertaciones la continuidad del discurso independentista, e insistían en sus conceptos más acabados de pueblo y nación como categorías por consolidar luego de concluida la guerra. Cualquier intervención favorable al tratado debía partir de los mismos presupuestos.

En la sesión del 6 de marzo, el secretario del Senado, Manuel Ramón Silva, se detenía en su definición de patriotismo. Este concepto no era sólo para el legislador "lo profundo del sentimiento", sino que abarcaba otras esferas. A su juicio; "allí donde hay riquezas, y allí donde hay edificios, y allí donde hay comercio", el patriotismo debía tenerse en cuenta. La solución para Silva se correspondía con las concepciones mediadoras entre el "idealismo" y el "realismo": había que "hermanar todos esos sentimientos" y votar a favor del tratado.[246]

Cualquier oposición que atentara contra los presupuestos de estos argumentos caía inevitablemente en lo que definimos como contrapunteo del pan y los sentimientos: "La política moderna se hace sobre los números -advertía un articulista de *La Lucha*- Los pueblos no comen con los sentimientos (...) El que no posee oro no come ni viste,

---

[245]Ibídem., 9 de marzo de 1903.
[246]Ibídem., 6 de marzo de 1903.

y para adquirir oro o plata hay que enterrar los sentimientos".[247]

De ahí los criterios de algunos elementos partidarios del tratado comercial sobre las intervenciones de Sanguily. A pesar de la solidez de sus análisis, especialmente cuando trataba lo que definió como la tiranía de los trusts y su incidencia en las relaciones de dependencia de los pueblos, algunos órganos publicistas lo calificaron de un "retardado Robespierre", y figuras como Rafael Martínez Ortiz afirmaban que se trataba de un discurso "bello, pero poco lleno", "más sentimental que lógico" y por tal motivo no podía echar por tierra el peso del "otro campeón de la palabra", el miembro de la comisión dictaminadora, Sánchez de Bustamante.[248]

Aquel discurso que no guardara congruencia con lo tangible o que implicara nuevas formulaciones en el reordenamiento de posguerra, apelando para ello a la independencia como prioridad, sería tachado de transgresor de los límites posibles para la burguesía dentro de una revolución democrático- burguesa y el apelativo de *jacobino* no tardaría en surgir como mortal anatema.

Una y otra vez se remitía al carácter patriótico que en la colonia significaba la lucha "pacífica" y "ordenada" por la solución a asuntos tan delicados como podían ser los presupuestos y la política arancelaria. Existía la tradición, existían también los conceptos de patria y patriotismo que legitimaban un proyecto socioeconómico alternativo a la "nación so-

---

[247]*La Lucha*, La Habana, 13 de enero de 1903.
[248] Rafael M. Ortiz, en Ob. cit., p. 34.

ñada" de los representantes más radicales del independentismo, pero existían sobre todo los medios y las pragmáticas que discurrían sobre estos asuntos en el terreno jurídico, justamente en el campo en el que vendrían a coincidir, en las nuevas circunstancias, partidarios y contrarios de la guerra.

Sería Antonio Sánchez de Bustamante, considerado junto a Sanguily "las potencias del Senado", quien disertara en este terreno durante el debate sobre el tratado comercial. El legislador, quien junto a Domingo Méndez Capote, Ricardo Dolz y Alfredo Zayas, conformaba la referida Comisión de Relaciones Exteriores, empezaba por definir el tratado como una obra anti anexionista. El crecimiento de la industria azucarera según Bustamante, constituía "una defensa poderosa de nuestra nacionalidad", y era "uno de los factores con que nosotros podemos contribuir a la salvación definitiva de la patria".[249]

Bustamante, al igual que Varona, concebía como pivote esencial de la soberanía de los pueblos su ubicación en el marco de las relaciones internacionales, y creía garantizada la facultad del Estado para contratar a través del sistema preferencial en el que se basaba el tratado comercial.[250]

---

[249] Senado: *Diario de Sesiones*, 10 de marzo de 1903.

[250] Según Bustamante, al concertarse un tratado sobre la base de la cláusula de la nación más favorecida, el Estado renunciaba de hecho a lo que en materia arancelaria se denominaba "tarifa autónoma", dependiendo entonces de una tarifa desconocida que dependía sólo de la voluntad de quien contrataba. Por tal motivo, consideraba que el único sistema racional y más conveniente para el caso de Cuba era el de la "cláusula preferencial". Véase la intervención de

Aun cuando se estaba en presencia de un convenio que anunciaba a las claras la monopolización del mercado cubano por Estados Unidos y la eliminación de las capacidades de expansión productiva de una serie de industrias no vinculadas al sector azucarero, el legislador cubano manejaba determinados problemas a tener en cuenta como complemento del tratado. Bustamante apelaba al restablecimiento de los niveles productivos, pero a través del propio movimiento del mercado, favorecido por las rebajas arancelarias y el aumento del consumo ante la disminución de los precios.

Como representante de los intereses del sector agroexportador, Bustamante no podía renunciar a lo que en América Latina se traducía en una especie de maridaje entre estos grupos y el capital extranjero. Si bien apelaba a la consolidación de un sistema monetario y a la creación de Bancos nacionales, en función de la "compensación" de los derechos de aduanas, el legislador, ajustado a los moldes liberales imperantes, concebía las inversiones del capital extranjero como garantía de "estabilidad y seguridad" en las relaciones mercantiles.

Pero el senador iba más allá del discernimiento jurídico y económico de las ventajas que consideraba presentaba para el país la aprobación del tratado comercial, al asumir el contrapunteo entre el idealismo y lo material y ajustarlo a los cánones del discurso "idealista". Así, al condenar a quienes pregonaban la anexión como único medio de progreso y riqueza, enfatizaba su confianza en el pueblo y en

---

Bustamante en el Senado del 11 de marzo de 1903, en Ídem.

su capacidad "para no vender jamás su condición independiente por un plato de lentejas".[251]

En la medida que se cedía terreno ante las presiones del gobierno de Estados Unidos, la burguesía iba a mostrar en todo su esplendor los nudos que la ataban. No importaban los sacrificios, aun los que implicaran pactos onerosos. Al decir de Leopoldo Cancio en su informe a la Sociedad Económica de Amigos del País, cualquier tratado, privado o internacional, se revertería en amplias ventajas "que ha de proporcionar el cambio recíproco de servicios".[252].

Con la aprobación del Tratado de Reciprocidad, por mayoría de 16 votos contra 5, volvían a imponerse los intereses de "su majestad" el azúcar. Muchos de los artículos que meses antes buscaban proteger el congreso, fueron seriamente afectados por el convenio. Durante los meses que siguieron a este hecho, la prensa insertó en sus páginas las quejas de múltiples productores de diversos ramos, como el de las pastas y chocolates, las refinerías de petróleo y de azúcar, las fábricas de papel, de cervezas, entre otras. Incluso voceros de intereses conservadores representados en *La Lucha*, introdujeron reflexiones sobre las limitaciones del tratado. Como se alegara en uno de los artículos publicados en este diario a inicios de 1904, había llegado "el momento de buscar en nosotros mismos la salvación, adoptando medidas de

---

[251] Ídem.

[252] Leopoldo Cancio. "Informe de la SEAP sobre el tratado de comercio con los Estados Unidos", 29 de noviembre de 1902, en *Cuba y América*, La Habana, marzo de 1903, p. 265.

orden interior" que favorecieran al productor cubano.[253]

No obstante, la realidad hacía valer la imagen que meses antes había expuesto un miembro de la Cámara de Representantes, y que sería retomada por Carlos de la Torre a raíz de la discusión del empréstito de los 4 millones. Según el legislador, existía una matrona que tenía varios hijos, pero uno de ellos era el preferido, pues la había ayudado y sostenido en todo momento. Un día la madre vio a ese hijo en peligro; estaba pobre y exhausto el caudal de la familia, pero tenía una joya de inestimable valor; un recuerdo familiar. Ante la disyuntiva de la mujer el legislador preguntaba: "¿Puede tildarse, puede censurarse a esa madre porque vende aquella joya de familia por salvar a su hijo?".[254]

La imagen se explica por sí misma. Se trataba de una concepción que veía como única salida a la situación de posguerra la solución al decisivo renglón azucarero por medio de ventajas arancelarias. La madre ayudaba así al hijo que continuaría sosteniéndola y defendiéndola de las adversidades del destino. Sentimientos maternales limitados que asfixiaban al resto de la prole que, según otros parientes, podían contribuir también, en la medida que crecieran, al beneficio de la angustiada madre.

Pero la suerte estaba echada. En medio de esa vorágine los cauces de los debates y de la práctica gubernamental arrastraban una madeja de

---

[253] "La Producción cubana", en *La Lucha*, La Habana, 25 de enero de 1904.

[254] Cámara de Representantes: *Diario de Sesiones*, 26 de septiembre de 1902.

relaciones y contradicciones diversas que regulaban, en lo posible, el andamiaje de la naciente república por los derroteros de una personalidad propia, reconocida internacionalmente y, al propio tiempo, ajena a cualquier vestigio que implicara la idea de la república "con todos y para el bien de todos". Como dijera Buttari Gaunaurd: "Sorprendida repentinamente en su labor violenta, quedaba su obra incompleta, y se abandonó a la evolución lo que a la revolución fue encomendado".[255]

---

[255] J. Buttari Gaunaurd: *Boceto crítico histórico. Obra escrita en cuatro etapas*, La Habana, 1954, p. 63.

YOEL CORDOVÍ NÚÑEZ

CONSIDERACIONES FINALES

Los inicios del siglo XVIII y del XIX legaron a la historiografía un conjunto de problemas y contradicciones, manifestadas en las grandes polémicas que caracterizan lo que podríamos llamar los "bautismos" de sistemas y de sectores o clases sociales. Expresiones como *burguesía esclavista* o *burguesía agro-manufacturera esclavista*, sin desestimar otras definiciones, advierten una especie de superposición de estructuras que complejizan las clasificaciones de acuerdo con los parámetros formales o clásicos. Las contradicciones engendran nuevas contradicciones y siguiendo esa cadena llegamos al inicio de la centuria siguiente con una nueva criatura: la república, y la consecuente apertura de un amplio campo de definiciones e indefiniciones a la hora de calificar el sistema político instaurado en 1902. El horizonte de términos se extiende desde la "pseudorepública", pasando por la más acentuada *"república* neo-*colonial"* (vuelven a manifestarse las superposiciones), hasta la "república mediatizada", "protectorado" y, en algunos casos, la "primera república".

Las problemáticas debatidas en el seno de la elite criolla, con mayor o menor grado de compromiso con el andamiaje esclavista, pasaban necesariamente entre dos coordenadas. En una dirección se encauzaba el montaje social de componentes étnicos diversos en un sistema de producción que ubicaba al elemento "no blanco" en su base y que legitimaba, como tendencia, su exclusión de los linderos de la "nacionalidad". En otro sentido, las posibilidades de transacciones con el mercado mundial transitaban por reducidos espacios, en medio de una política metropolitana proteccionista que asfixiaba las potencialidades de maniobra de la clase burguesa en la Isla.

Cualquier movilidad o trastorno en la integración de ambos ejes habría de repercutir inmediatamente en los modos de pensar su realidad la burguesía insular, según los intereses de los sectores, capas y grupos que la componían y, al efecto, los referentes teóricos de los que se nutría habrían de avalar las propuestas de cambios.

En tanto corriente de pensamiento burgués, el liberalismo, en su oposición al Antiguo Régimen, era acogido favorablemente por la burguesía insular, la cual, al margen de su composición, esferas de intereses económicos y acción política, recepcionaba su acepción "liberadora" en el orden económico y político, como requisito indispensable, bien para el afianzamiento y expansión de sus intereses en sus respectivos enclaves regionales, o bien para encauzar el desarrollo de la colonia según el molde democrático-burgués-liberal, que para muchos tenía en Estados Unidos, particularmente después de la Guerra de Secesión, un ejemplo a seguir.

Durante el siglo XIX la ideología liberal acentuó sus grietas a escala mundial, en la medida que los ciclos de revoluciones democrático burguesas alertaban a la burguesía sobre las potencialidades del obrero como fuerza transformadora.

Del mismo modo que por disímiles canales llegaban

a la Isla el influjo de las distintas corrientes literarias y artísticas y las polémicas que éstas generaban, también los presupuestos teóricos, burgueses y proletario, en boga en Europa y Estados Unidos, impactaban en el escenario colonial. Sus recepciones asumían matices característicos a partir de las tres últimas décadas del diecinueve, caracterizada por la impronta del ciclo de liberación nacional con un contenido popular de base principalmente campesina. Tales componentes, además de encontrarse respaldados por cuerpos conceptuales democráticos, en los que la definición de pueblo revestía un contenido transformador y autóctono, las armas también estaban en sus manos y la lucha por sus derechos podía rebasar los límites de la contradicción fundamental colonia metrópoli.

Más allá de las opciones políticas que sustentaba la élite burguesa, ésta no podía dejar de plantearse los posibles márgenes de radicalización de la revolución democrático - burguesa en Cuba; a saber, el carácter más progresista de una revolución hasta ese momento. Sin embargo, como bien advirtiera Lenin, a la burguesía no le convenía que las revoluciones profundizaran demasiado en los cambios, y la experiencia europea así lo constataba. En el caso colonial, la situación revolucionaria para esta clase social presentaba rasgos característicos en lógicos contrastes con la de su similar en otros escenarios; se trataba, en primera instancia, de reconocer la necesidad de la violencia y, más difícil aún, su sustentación masiva para desasir las inveteradas relaciones coloniales. El trago para muchos era amargo. Otros, renuentes a probarlo, (algunos lo habían hecho durante la década explosiva), se mantuvieron aferrados a las esperanzadoras reformas con sesgo autonómico, y una minoría continuaba viendo en la sumatoria de estrellas en las

Stars and Stripes la única vía de encauzar el desarrollo socio histórico de la Isla por los senderos de la modernidad.

De esta relación de dependencia, y de las deformaciones de los sectores de la burguesía cubana, atados a los mecanismos de control metropolitano, afectados por la guerra, agobiados por la política fiscal de España, y uncidos con notable fuerza desde los ochenta a las relaciones mercantiles con Estados Unidos, a través del "cordón umbilical" azucarero, surgirían otras interrogantes: ¿Qué relaciones establecer con el poderoso "aliado", en los marcos (no olvidarlo) del expansionismo imperialista a escala mundial?, ¿hasta qué punto existían condiciones objetivas y subjetivas en la ex colonia para revertir este proceso?, ¿con qué fuerza se contaría en caso de que la dirigencia radical de los sectores medios, de por sí fragmentada, decidiera enfrentar a ultranza cualquier vestigio de dependencia y establecer una nación independiente y soberana?

Las interrogantes sugerían la existencia de problemas comunes, la mayoría en sus esencias, arrastrados desde la colonia, a los cuales debía enfrentarse la elite, al margen de su procedencia política. La reconstrucción de posguerra, condicionada por la presencia militar de Estados Unidos en la Isla, adoptaba matices en sus expresiones que oscilaban entre un discurso abiertamente opositor al *status* impuesto, y el que establecía la necesidad de las transacciones; necesidad que de acuerdo a las concepciones sobre la independencia y sus límites hacía que el movimiento pendular entre los extremos delimitara una amplia franja de posiciones y de preocupantes que inclinaba progresivamente el diapasón en dirección al extremo conservador. Tales regularidades son susceptibles de ser resumida en los siguientes puntos:

• Control del poder. (En manos de la *intelligentsia*, aun cuando por conveniencia política y estrategias electorales se apelara en ocasiones al "monopolio del mambisado", entrando en juego las relaciones de caciquismo y los vínculos de dependencia, fortalecidos durante la guerra por la jerarquía militar. Aún los partidarios de la anexión y del protectorado, una vez que formaban parte, o se sentían representado por el poder, podían apelar a un discurso "nacionalista" y hasta de maniobrar dentro de los reducidos marcos de relaciones con Estados Unidos, a favor de intereses nacionales.)

• Las relaciones cordiales e íntimas con el gobierno de Estados Unidos. (Al margen de las críticas y condenas a los procedimientos de Estados Unidos durante la guerra, y específicamente a la ocupación militar, no se concebía un proyecto alternativo coherente dirigido a solucionar la situación de posguerra fuera del radio de acción del mercado norteamericano.)

• La limitación de la ascendencia de los sectores más populares en las funciones administrativas y de Estado. (Había que garantizar las negociaciones en un sentido vertical con los rejuegos electorales, muy a tono con el primero de los puntos. Se trataba de implementar los mecanismos idóneos que hicieran andar el sistema político, relegando y obviando el contenido social y ético de la ideología independentista. Pero, al mismo tiempo, la concepción de pueblo como depositario de las tradiciones y fuente de autoctonía, lo convertía en mecanismo de contención contra el espíritu "absorbente" de la Gran nación. El enriquecimiento de esos valores era vital, y de ahí la importancia de continuar invocando el pasado libertador por los sectores más radicales y hasta educando, con mayor o menor conciencia del alcance de los nuevos mecanismos de dominación, en un sentimiento nacional que implicaba, de hecho, la continuidad de los valores éticos que aderezaban, aún en medio del escepticismo y la confusión, la historia del movimiento de liberación cubano.

Inmerso en este piélago de contradicciones en el que surgía el Estado nacional, comenzaba a asumirse, como proyecto de nación, aquellos postulados fundamentales vertidos en los discursos y en el accionar políticos por los sectores más conservadores, incluso moderados de la burguesía liberal, sólo que imbricados en una nueva retórica que buscaba identificar los ideales de la revolución en la cual muchos habían tenido participación, con los procedimientos seguidos en los primeros años de la centuria. La revolución, en tal sentido, era la guerra y la guerra, por sí sola, como fenómeno político militar, reflejaba, en última instancia, una toma de conciencia de la imposibilidad de solucionar una gama de intereses dentro de la armadura colonial y que no ha de verse desligado del desarrollo de una conciencia patriótico nacional. Pero la revolución, para su ideólogo y las figuras más radicales que sustentaban sus ideas, era más que eso. La revolución llevaba implícita un cambio de sesgo ético en las relaciones a establecer en la futura república

entre las clases sociales y que Máximo Gómez denominara "fórmulas nuevas".

Tales definiciones, sin una organicidad pragmática
que recogiera lo que en sí era la resultante de un re-
pensar constante de la situación del cubano y de "su"
patria y que desembocaba en una concepción de pueblo de nítida raíz vareliana, debían enfrentar en el
nuevo contexto a los proyectos de desarrollo estructu-
rados dentro del tradicionalismo reformista, legiti-
mados por una retórica no ajena a los conceptos de
patria, nación y patriotismo, sólo que ajustada a los
requerimientos del proyecto liberal-burgués, en ningún modo coincidente con el espectro democrático- radical, ni con las tendencias socialistas, sin fuerzas
para imponerse aún como regularidad en el mundo.
Lo patriótico, en tal sentido, aparecía cifrado en las
posibilidades de respuestas prioritarias a la problemática económica -(sin descuidar, desde luego, el poder o las relaciones con el poder político)- y, por tanto,
en la habilidad y capacidad de negociaciones con Estados Unidos, sin ofrecer cabida a intempestivas manifestaciones "jacobinas" que pusieran en peligro el
orden: su orden.

Entre 1898 y 1904, fecha en que se funda el Partido Moderado, decidido a apoyar la reelección del
presidente Tomás Estrada Palma, y se concluyen,
con la firma del Tratado Postal, los primeros tratados bilaterales entre los gobiernos de Cuba y Estados Unidos, se asiste a un proceso de desplazamiento hacia las posiciones más conservadoras de la
ideología liberal en Cuba. La república que nace en
1902 es fruto de estas contradicciones entre las distintas tendencias de pensamiento, en una época
marcada por el expansionismo imperialista a escala
mundial. Sin embargo, prevalecería también en el

seno de la nueva república un legado, un cuerpo de ideas sin materializar en esta primera fase del ciclo de liberación, y quedaba, sobre todo, una conciencia nacionalista, presta a madurar en los años siguientes al calor de nuevas realidades y nuevas corrientes de pensamiento.

Poner coto en una fecha, que considero importante dentro de las maniobras del conservadurismo en la posguerra, no significa el agotamiento del análisis en ese marco. Como proceso, el período 1880-1904 sólo designa un momento crucial dentro de la crisis transicional y del desplazamiento de la ideología del independentismo en sus posibles respuestas a la misma, y no sus fechas límites. De ahí que el presente estudio sea sólo un primer acercamiento a las concepciones y proyecciones de la elite burguesa en el entre siglos cubano, susceptible, por su complejidad, de ser retomado o continuado, siempre de la mano de la historia en su transitar por los escabrosos senderos en los que habría de emerger y desenvolverse la república de Generales y Doctores.

BIBLIOGRAFÍA

FUENTES DOCUMENTALES

Archivo Nacional de Cuba
Fondo Adquisiciones
Fondo Donativos y Remisiones
Fondo Gobierno de la Revolución de 1895
Fondo Máximo Gómez
Fondo Delegación del Partido Revolucionario Cubano en Nueva York

Biblioteca Nacional José Martí. Colección Cubana
Fondo Manuscritos
Fondo Periódicos

LIBROS

Abbagnano, Incola: *Diccionario de Filosofía*, Fondo de Cultura Económica, México, 1963.
Agramonte, Roberto: *El pensamiento filosófico de Varona*, Imp. Seoane, Fdez y Cía., La Habana, 1935.
Aguirre, Mirta: *El romanticismo. De Rousseau a Víctor Hugo*, Editorial Arte y Literatura, La Habana, 1973.
Alvarez Estévez, Rolando: *Isla de Pinos y el Tratado Hay-Quesada*, Editorial de Ciencias Sociales, La Habana, 1973.
Armas, Ramón de: *La Revolución pospuesta. Contenido y alcance de la revolución martiana por la*

independencia, Editorial de Ciencias Sociales, La Habana, 1975.

Arnao, Juan: *Cuba; su presente y porvenir,* Imprenta de ER. de Agüero, Nueva York, 1887.

Arrom, José Juan: *En el fiel de América,* Editorial Letras Cubanas, La Habana, 1985.

Atkins, Edwin F.: *Sixty years in Cuba: Reminiscenses,* Cambridge, 1926.

Auerbach, Erich: *Mimesis.,* Editorial Arte y Literatura, La Habana, 1986.

Barcia Zequeira, Carmen: *Élites y grupos de presión, Cuba 1868-1898,* Editorial de Ciencias Sociales, La Habana, 1998.

Barnet, Miguel: *Biografía de un cimarrón,* Instituto de Etnología y Folklore, La Habana, 1966.

Barreal, Fernández, Isaac: *Estudios etnosociológicos,* Editorial de Ciencias Sociales, La Habana, 1991.

Beisner, Robert L.: *Twelve against Empire. The Anti-imperialist, 1898-1900,* Mc. Graw-Hill Book Company, New York, 1968.

Beltrán y Rozpide, Ricardo: *Los pueblos hispanoamericanos en el siglo XIX, 1901-1903,* Imprenta de Administración Militar, La Habana, 1904.

Benjamín, Jules R.: *The United States and Cuba: Hegemony and dependent development, 1880-1934,* University of Pittsburgh Press, Pittsburgh, 1977.

Bueno, Salvador: *La crítica literaria cubana del siglo XIX,* Editorial de Letras Cubanas, La Habana, 1979.

Bunge, Carlos O.: *Nuestra América (Ensayo de psicología social),* Espasa-Calpe, Madrid, 1926.

Buttari Gaunaurd, Juan José: *Boceto crítico histórico. Obra escrita en cuatro etapas*, Editorial Lex, La Habana, 1954.

Cairo, Ana (comp.): *Letras. Cultura en Cuba*, Editorial Pueblo y Educación, La Habana, 1989.

Calcagno, Francisco: *El Catecismo autonómico o la autonomía al alcance de todos*. Librería. Imp. Casa Editora, La Habana, 1887.

Carrera Jústiz, Francisco: *La Constitución de Cuba y el problema municipal*, Librería e Imprenta "La Moderna Poesía", La Habana, 1903.

Carrillo N, Alfredo: *La Trayectoria del pensamiento filosófico en Latinoamérica*, Editorial Casa de la Cultura Ecuatoriana, Quito, 1959.

Castellanos, Gerardo: *Aranguren (del ciclo mambí)*, Editorial "Hermes", La Habana, 1923.

Castro Palomino, Rafael: *Cuentos de hoy y mañana. Cuadros políticos y sociales*, Imprenta y Librería de N. Ponce de León, Nueva York, 1883.

Cepeda, Rafael: *Manuel Sanguily frente a la dominación yanqui*, Editorial Letras Cubanas, La Habana, 1986.

Chang, Federico: *El Ejército nacional en la república neocolonial, 1899-1933*, Editorial de Ciencias Sociales, La Habana, 1981.

Chatterjee, Partha: *The nation and its fragments: Colonial and poscolonial historics*, Princeton University Press, New Jersey, 1993.

Comas, Juan: *Razas y racismo; trayectoria y antología*, México. DF., 1972.

Cordoví Núñez, Yoel: *La emigración cubana en Estados Unidos: estructuras directivas y corrientes de pensamiento. 1895-1898*, Editorial Oriente, Santiago de Cuba, 2012.

_____: *Máximo Gómez, utopía y realidad de una república*, Editora Política, La Habana, 2003.

Cruz, Manuel de la: *Cromitos cubanos*, Editorial Arte y Literatura, La Habana, 1975.

Corzo Pi, Daniel: *Historia de don Tomás Estrada Palma*, Imprenta de Díaz y Castro, La Habana, (s.a).

Deschamps Chapeaux, Pedro: *El negro en el periodismo cubano en el siglo XIX*, Ediciones Revolución, La Habana, 1963

_____: *Rafael Serra y Montalvo, obrero incansable de nuestra independencia*, Instituto Cubano del Libro, La Habana, 1975.

Duke, Cathy: *The idea of race: The cultural impact of American intervention in Cuba, 1898-1912*, Universidad de Puerto Rico, San Juan, 1983.

Dumont, Henri J.: *Ensayo de una historia médicoquirúrgica de la isla de Puerto Rico*, Imprenta La Antilla, La Habana, 1875.

_____: *Investigaciones generales sobre las enfermedades de la raza que no padecen de fiebre amarilla y estudio preliminar sobre la enfermedad de los ingenios de azúcar, o hinchazón de los negros y chinos*, Cárdenas, 1865.

Entralgo, Elías: *El ideario de Varona en la filosofía social*, Departamento de Cultura, La Habana, 1937.

Eslava, Rafael G.: *Juicio crítico de Cuba en 1887*, Establecimiento Tipográfico, La Habana, 1887.

Estévez y Romero, Luis: *Desde el Zanjón hasta Baire. Datos para la historia política de Cuba.* Tipografía La Propaganda Literaria, La Habana, 1899.

Ezponda, Eduardo: *La mulata. Estudio fisiológico, social y jurídico*, Imprenta De Fortanet, Madrid, 1878.

Faulkner, Harol Underwood: *Historia económica de los Estados Unidos*, Editorial de Ciencias Sociales, La Habana, 1972.

Fernández de Castro, José Antonio: *Varona*, Ediciones de la Secretaría de Educación Pública, México, 1943.

Fernández de Castro, Rafael: *Para la historia de Cuba*, Tipografía La Propaganda Literaria, La Habana, 1899.

Fernández Retamar, Roberto: *"Nuestra América": cien años y otros acercamientos a Martí*, Editorial SI-MAR S.A., La Habana, 1995.

Ferrer, Ada: *Insurgent Cuba. Race, nation, and revolution, 1868-1898,* The University of North Carolina Press, Chapel Hill & London, 1999.

Figarola y Caneda, Domingo: *Guía oficial de la Exposición de Matanzas*, Imprenta La Nacional, La Habana, 1881.

Figueras, Francisco: *Cuba Libre: Independencia o anexión*, A.W.Howes, Nueva York, 1898.

Foner, Philip S.: *La guerra hispano-cubano-americana y el nacimiento del imperialismo norteamericano, 1895-1902*, Akal Editor, Barcelona, 1972.

Gallego, Tesifonte: *Cuba por fuera*, La Propaganda Literaria, La Habana, 1880.

García Yero, Olga y otros: *Educación e historia en una villa colonial*, Editorial Oriente, Santiago de Cuba, 1989.

Garraty, John A.: *The American nation. A history of the United States since 1865*, Harpe & Row, Publishers, 1975.

Gatewood, Willard: *Black Americans and the White Man's Burden*, University of Illinois Press, Urbana, 1975.

Gay-Calbó, Enrique: *Formación de la sociedad cubana*, P. Fdez y Cía., La Habana, 1948.

Gelpi y Ferro, Gil: *La regeneración de Cuba y los regeneradores*, La Propaganda Literaria, La Habana, 1878.

Gerbi, Antonello: *La disputa del nuevo mundo. Historia de una polémica 1750-1900*, Fondo de Cultura Económica, México, 1960.

Giberga, Eliseo: *Obras*, Imprenta y Papelería de Rambla y Bouza, La Habana, 1930.

Gómez, Juan Gualberto: *La cuestión de Cuba en 1884*, Imp. De Aurelio J. Alaria, La Habana, 1885.

_____. *Un documento importante* Imp. El Pilar, La Habana, 1885.

González Llorente, Pedro: *Las Reformas y la fantasma*, Establecimiento Tipográfico La Propaganda Literaria, La Habana, 1893.

Guerra Sánchez, Ramiro: *La expansión territorial de los Estados Unidos a expensas de España y de los países hispanoamericanos*, Editorial de Ciencias Sociales, La Habana, 1975.

_____: *Por las veredas del pasado, 1880-1902*, Editorial Lex, La Habana, 1957.

Guerra Vilaboy, Sergio: *Historia y revolución en América Latina*, Editorial de Ciencias Sociales, La Habana, 1989.

González Curquejo, A.: *Gonzalo de Quesada. Bosquejo biográfico*, Imprenta de Cuba y América, La Habana, 1909.

González Hontoria, Manuel: *El protectorado francés en Marruecos*, Publicaciones de la Residencia de Estudiantes, Madrid, 1915.

Gray, John: *Liberalismo*, Alianza Editorial, Madrid, 1994.

Griffin, Appleton P.C.: *List of books relating to Cuba,* Government Printing Office, Washington, 1898.

Gruell, Manuel: *Réplica al folleto de Enrique José Varona, Cuba contra España,* Tipografía de la Revista El Progreso, La Habana, 1896.

Guadarrama, Pablo y Edel T. Oropeza: *El pensamiento filosófico de Enrique José Varona,* Editorial de Ciencias Sociales, La Habana, 1987.

Halperin Dongly, Tulio: *Hispanoamérica después de la independencia. Consecuencias económicas y sociales de la emancipación*, Editorial Paidos, Buenos Aires, 1972.

Helg, Aline: *Our rightful share. The Afro-Cuban struggle for equality, 1886-1912*, The University of North Carolina Press, 1995.

Henriquez Ureña, Max: *Panorama histórico de la literatura cubana*, Editorial Arte y Literatura, La Habana, 1978.

Hernández, Rafael y John H. Coatsworth (coord.): *Culturas encontradas: Cuba y los Estados Unidos*, Centro de Investigación y Desarrollo de la Cultura Juan Marinello y Centro de Estudios Latinoamericanos David Rockefeller, Universidad de Harvard, La Habana, 2001.

Hidalgo de Paz, Ibrahim: *Cuba 1895-1898. Contradicciones y disoluciones* Centro de Estudios Martianos y Centro de Investigación y Desarrollo de la Cultura Juan Marinello, La Habana, 1999.

Ibarra Cuesta, Jorge: *Máximo Gómez frente al imperialismo 1895-1905*, Editora Cole, República Dominicana, 2000.

_____: *Cuba 1898-1921. Partidos Políticos y clases sociales*, Editorial de Ciencias Sociales, La Habana, 1992.

_____: *Un análisis psicosocial del cubano 1898-1925*, Editorial de Ciencias Sociales, La Habana, 1985.

Ichikawa Morín, Emilio: *El Pensamiento agónico*, Editorial de Ciencias Sociales, La Habana. 1996.

Iglesias Utset, Marial: *Las metáforas del cambio en la vida cotidiana: Cuba 1898-1902*. Premio UNEAC de Ensayo 2002 "Enrique José Varona", Ediciones Unión, La Habana, 2003.

Instituto de Historia de Cuba: *Historia de Cuba. Las Luchas por la independencia nacional y las transformaciones estructurales 1868-1898*, Editora Política, La Habana, 1996.

_____: *Historia de Cuba. La neocolonia, organización y crisis. Desde 1899 hasta 1940*, Editora Política, La Habana, 1998.

Labra, Rafael María de: *Aspecto internacional de la cuestión de Cuba*, Tipografía de Alfredo Alonso, Madrid, 1900.

_____: *Discursos políticos, académicos y forenses de Rafael M. de Labra*, Imprenta de Aurelio J. Alaria, Madrid, 1884.

Le Riverend, Julio: *Historia económica de Cuba*, Editorial Pueblo y Educación, La Habana, 1974.

_____: *José Martí: pensamiento y acción*, Editora Política, La Habana, 1982.

Marquez Sterling, Manuel: *Proceso histórico de la Enmienda Platt, (1887-1934)*, Imprenta "El Siglo XX", La Habana, 1941.

Martí, José: *Obras Completas*, Editorial de Ciencias Sociales, La Habana, 1975.

Martínez Bello, Antonio: *Origen y meta del autonomismo: Exégesis de Montoro: (ensayo de filosofía de la historia de Cuba)*, Imprenta P. Fernández, La Habana, 1952.

Martínez Carmenate, Urbano: *Nicolás Heredia*, Editora Política, La Habana, 1999.

Martínez Heredia, Fernando y otros: *Espacios, silencios y los sentidos de la libertad. Cuba entre 1878 y 1912*, Ediciones Unión, La Habana, 2001.

Martínez Ortiz, Rafael: *Cuba, los primeros años de independencia*, Editorial "Le Livre Libre", París, 1929.

Marx, Anthony W.: *Making race and nation*, Cambridge University Press, New York, 1997.

Maza Miquel, Manuel P.: *Esclavos, patriotas y poetas a la sombra de la cruz. Cinco ensayos sobre catolicismo e historia cubana*, Centro de Estudios Sociales Padre Juan Montalvo, S.J., República Dominicana, 1999.

Mederos, Tomás B.: *La Enmienda Platt, como la consideramos para el presente y porvenir de Cuba*, Imprenta de F. Xiqués, La Habana, 1901.

Méndez Capote, Domingo: *Trabajos*, Molina, La Habana, 1929.

Monal, Isabel: *Las ideas en la América Latina, una antología del pensamiento filosófico, político y social*, Colección pensamiento de nuestra América, La Habana, 1985.

Montalvo, J. R., Carlos de la Torre y Luis Montané: *El cráneo de Antonio Maceo (Estudio Antropológico)*, Imprenta Militar, La Habana, 1900.

Montoro, Rafael: *Obras de Rafael Montoro*, Cultural, S.A., La Habana, 1930.

Morales y Morales, Vidal: *Hombres del 68. Rafael Morales y González*, Editorial de Ciencias Sociales, La Habana, 1972.

Moreno, Francisco: *El País del chocolate (la inmoralidad en Cuba)*, Madrid, 1887.

Morúa Delgado, Martín: *Obras Completas*, Edición de la Comisión Nacional del Centenario de Martín Morúa Delgado, La Habana, 1957.

Naranjo Orovio, Consuelo y A. García: *Racismo e inmigración en Cuba en el siglo XIX*, Doce Calles, Madrid, 1996.

Nearing, Scott y Joseph Freeman: *La Diplomacia del dólar*, Editorial de Ciencias Sociales, La Habana, 1973.

Pérez, Louis. A.: *Cuba between empires 1878-1902*, University of Pittsburgh Press. 1983.

Pérez Landa, Rufino: *Vida pública de Martín Morúa Delgado*, Impreso por Carlos Romero, La Habana, 1957.

Pichardo, Hortensia: *Documentos para la historia de Cuba*, Editorial Pueblo y Educación, La Habana, 1984.

Pierra, Fidel: *El Socialismo. El sufragio universal. Dos discursos*, Nueva York, 1888.

Portell Vilá, Herminio: *Historia de Cuba en sus relaciones con los Estados Unidos y España*, Jesús Montero, Editor, La Habana, 1938.

Prieto Rozos, Alberto: *Crisis burguesa e imperialista en América Latina*, Editorial de Ciencias Sociales, La Habana, 1998.

Quesada, Gonzalo de: *Archivo de Gonzalo de Quesada: documentos históricos*, Editorial de la Universidad de La Habana, La Habana, 1965.

Renate Kuczynski, Simpson: *La Educación superior en Cuba bajo el colonialismo español*, Editorial de Ciencias Sociales, La Habana, 1984.

Rensoli Laliga, Lourdes: *Antología de historia de la filosofía cubana y latinoamericana. El positivismo en Argentina*, Universidad de la Habana, La Habana, 1998.

Rioja, Antonio P.: *Los yankees en Cuba*, Tipografía Los Niños Huérfanos, La Habana, 1897.

Rivero de la Calle, Manuel: Actas: Sociedad Antropológica de la isla de Cuba, Comisión Nacional Cubana de la UNESCO, La Habana, 1966.

Rivero Muñiz, José: *Carlos Baliño*, Comisión Nacional de la UNESCO, 1962.

Roa, Raúl: *Aventuras, venturas y desventuras de un mambí*, Editorial de Ciencias Sociales, La Habana, 1970.

Roig de Leuchsenring, Emilio: *Defensa de Cuba: Vida y obra de Manuel Sanguily*, Ayón, Impresor, La Habana, 1940.

_____: *El Presidente McKinley y el Gobernador Wood máximos enemigos de Cuba Libre*, Oficina del Historiador de la Ciudad de la Habana, La Habana, 1961.

_____: *Historia de la Enmienda Platt. Una interpretación de la realidad cubana*, Editorial de Ciencias Sociales, La Habana, 1979.

_____: *Por Cuba Libre. Juan Gualberto*, Editorial de Ciencias Sociales, La Habana, 1974.

Sánchez de Bustamante, Antonio: *La Filosofía clásica alemana en Cuba, 1841-1898*, Editorial de Ciencias Sociales, La Habana, 1984.

Sanguily, Manuel: *Obras de Manuel Sanguily*. A. Dorrebercker. Impresor, La Habana, 1926.

Serra, Rafael: *Para blancos y negros. Ensayos políticos, sociales y económicos*, Imprenta "El Score", La Habana, 1907.

Stuart Hughes, H.: *Conciencia y sociedad. La reorientación del pensamiento social europeo 1880-1930*, Aguilar, Madrid, 1972.

Thayer, William R.: *John Hay*, Hougton Mifflin Company, Boston and New York, 1915.

Torre, Mildred de la: *El autonomismo en Cuba, 1878-1898*, Editorial de Ciencias Sociales, La Habana, 1997.

Trujillo, Enrique: La anexión de Cuba a los Estados Unidos. Polémica ante los Sres. Juan Bellido de Luna y Enrique Trujillo. Artículos publicados en El Porvenir, Imprenta de "El Porvenir", Nueva York, 1892.

Ubieta, Enrique: *Ensayos de identidad*, Editorial Letras Cubanas, La Habana, 1993.

Valdés Bernal, Sergio: *Lengua nacional e identidad cultural del cubano*, Editorial de Ciencias Sociales, La Habana, 1998.

Varona, Enrique José: *Artículos y discursos, (literatura-política-sociología)*, Imprenta de A. Álvarez y Co., La Habana, 1891.

_____: *Violetas y Ortigas*, Edición Oficial, La Habana, 1938.

Villegas, Abelardo: *Reformismo y Revolución en el pensamiento latinoamericano*. Siglo XXI, México, 1980.

Vitier, Cintio: *Ese sol del mundo moral. Para una historia de la eticidad cubana*, Ediciones Unión, La Habana, 1995.

_____: *La crítica literaria y estética en el siglo XIX cubano*, Editorial Organismos, La Habana, 1974.

Vitier, Medardo: *Las ideas y la filosofía en Cuba*. La Habana. Edit. Ciencias Sociales. 1970.

Wilson, Erates: *Las razas humanas y lo que significan en la civilización*, Imprenta La Constancia, La Habana, 1893.

Whitmarsh, Calixto: *Algo sobre Cuba* Imprenta Universitaria, Santiago de Chile, 1923.

Zanetti Lecuona, Oscar: *Los cautivos de la reciprocidad, la burguesía cubana y la dependencia comercial*, Ediciones ENPES, La Habana, 1989.

Zea, Leopoldo: *Pensamiento positivista latinoamericano*, Biblioteca Ayacucho, Venezuela, 1980.

FUENTES PUBLICISTAS

Anuario del Centro de Estudios Martianos, Anuario de Estudios Americanos, Cuba y América, Debates Americanos, El Mundo, El Nuevo Criollo, El Nuevo País, El Proletario, Hojas Literarias, Islas e Imperios, La Discusión, La Doctrina de Martí, La Escuela Cubana, La Fraternidad, La Igualdad, La Lucha, La Nueva Era, Patria, Revista Internacional de Filosofía Política, Revista Cubana, Revista de Cuba, Revista de Agricultura, Temas.

YOEL CORDOVÍ NÚÑEZ

Editorial Letra Viva©

2013

Postal Office Box 14-0253
Coral Gables, FL 33114-0253